D1735668

Zofia Jeżewska

FRYDERYK CHOPIN

Verlag Interpress, Warszawa 1980

F. Chopin

ISBN 83-223-1803-0

Fryderyk Chopin in der Heimat

Knapp 60 Kilometer von Warszawa entfernt, unweit der Kleinstadt Sochaczew in Mazowsze, dessen versonnene, reizvolle Landschaft von vielen polnischen Sängern und Dichtern besungen wurde, liegt das Dörflein Żelazowa Wola. Von allen Seiten ist es von Birkenhainen, ausgedehnten Feldern und flachen Wiesen umgeben, die von Wegen durchzogen sind, an denen silbrig schimmernde, alte, bucklige Weiden hocken.

In der Nähe dieses Dorfes, in einem von hohen Kastanienbäumen beschatteten Park, direkt am Ufer des sich malerisch windenden Flüßchens Utrata steht inmitten von Sträuchern und hübschen Blumenrabatten ein niedriges weißes Landhaus — typisch für die polnische Architektur vom Anfang des 19. Jahrhunderts.

Dieser stille, bescheidene Winkel zieht wie ein Magnet Tausende Musikliebhaber aus entferntesten Ländern an, denn in eben diesem Haus wurde 1810 eines der größten musikalischen Genies der Welt, Fryderyk Chopin, geboren.

Zu Beginn des 19. Jahrhunderts war Żelazowa Wola ein Teil des Anwesens der Grafen Skarbek. Mikołaj Chopin, der Vater des großen polnischen Komponisten, ge-

5

langte dorthin als Hauslehrer des jungen Fryderyk Skarbek, der später als Schriftsteller, Historiker und Wirtschaftswissenschaftler bekannt wurde.

Das Haus der Grafen Skarbek in Żelazowa Wola wurde damals von einem armen Edelfräulein, einer entfernten Verwandten der Skarbeks, verwaltet — der charmanten, bescheidenen, netten und wirtschaftlichen Justyna Krzyżanowska. Bald nahm Herr Mikołaj Chopin sie zur Frau. Die Trauung fand am 2. Juni 1806 in der Pfarrkirche des Hl. Rochus in dem 8 Kilometer von Żelazowa entfernten Brochów statt. Das junge Paar bezog das bis heute erhaltengebliebene Hinterhaus, das es bis 1810 bewohnte.

Mikołaj Chopin war Franzose, er war in Frankreich geboren. Nach Polen kam er 1787 im Alter von sechzehn Jahren. Fryderyk Skarbek hat in seinen überlieferten Tagebüchern ein einprägsames Bild seines Lehrers entworfen:

„Er ist mein Lehrer geworden, und nach mehr als zehn Jahren, in denen er mich und meine Brüder betreut hatte, wurde er Französischlehrer im Warschauer Lyzeum, wo er bis ins hohe Alter Unterricht gab...

Durch den langjährigen Aufenthalt in unserem Lande, durch freundschaftliche Beziehungen mit polnischen Familien, vor allem aber durch die Heirat mit einer Polin, also durch eheliche und elterliche Bande, wurde er wirklich Pole, und die Freude seines Alters war, daß er als verdienstvoller Lehrer öffentlicher Schulen allgemeines Ansehen genoß, daß er von seinen Schülern und deren Eltern geliebt wurde und daß er schließlich einen Sohn hatte, der sich überall laut Pole nannte und seiner Heimat den Ruhm brachte, die Wiege eines der größten musikalischen Genies zu sein."

Das erste Kind der Chopins war die Tochter Ludwika, die 1807 geboren wurde, und das zweite der 1810 geborene Sohn Fryderyk Franciszek. Den ersten Vornamen erhielt er zu Ehren des Lieblingsschülers seines Vaters — des Grafen Fryderyk Skarbek, der auch sein Pate wurde.

Laut Urkunde in der Pfarrei von Brochów, wo der kleine Fryderyk getauft wurde, fiel sein Geburtsdatum auf den 22. Februar 1810, in Wirklichkeit aber war es der 1. März. Dieses Datum nannte Justyna Chopin in einem Anfang 1837 an ihren Sohn geschriebenen Brief, seine Schwester Ludwika in einem Brief von 1842 an ihren Bruder, und auch er selbst nannte es in einem offiziellen Schreiben an die Polnisch-Literarische Gesellschaft in Paris vom 16. Januar 1833, den er folgendermaßen unterzeichnete:

„In höchster Achtung verbleibe ich, Ihr untertänigster Diener, F. F. Chopin, geboren am 1. März 1810 im Dorf Żelazowa Wola, Wojewodschaft Mazowsze."

Über diese Ungenauigkeit in der Geburtsurkunde Fryderyks braucht man sich nicht zu wundern, denn derartige Irrtümer kamen in jenen Zeiten sehr oft vor.

Als die Familie Chopin im Herbst 1810 Żelazowa Wola verließ, um nach Warszawa zu ziehen, war Fryderyk erst 7 Monate alt. Doch die herzlichen Beziehungen zwischen den Familien Chopin und Skarbek blieben weiterhin bestehen. Die Chopins fuhren noch mehrmals zu kurzen Erholungsaufenthalten nach Żelazowa Wola und nahmen die Kinder mit. Weihnachten 1825 verbrachte Chopin zusammen mit seiner Schwester Ludwika in Żelazowa Wola, worüber er in einem Brief (vom 24. Dezember) an seinen Freund Jan Białobłocki schrieb.

Nach dem Umzug nach Warszawa wohnten die Chopins vorübergehend im Hinterhaus des Saski-Palasts, wo das Warschauer Lyzeum seinen Sitz hatte. Das Einkommen Mikołaj Chopins als Französischlehrer in dieser Schule war recht bescheiden. Doch nach ein paar Jahren wurde das Lyzeum in den Kazimierzowski-Palast verlegt (heute ein Gebäude der Warschauer Universität), und die Familie Chopin erhielt dort eine schöne, große Wohnung. Die umsichtige Frau Justyna verfiel damals auf die Idee, zusammen mit ihrem Mann eine Pension für wohlhabendere Schüler zu eröffnen. Diese Pension hat nicht nur die finanzielle Lage der Familie Chopin verbessert, sondern Herrn und Frau Chopin auch einen guten Ruf und viele wertvolle Bekanntschaften gebracht. Bald bemühten sich die Väter der besten Landadelsfamilien darum, ihre Söhne in dieser Pension unterzubringen.

Das Ehepaar Chopin hatte damals schon vier Kinder; 1811 wurde die Tochter Izabela in Warszawa geboren und ein Jahr später Emilia, an der sie sich jedoch nicht lange erfreuen konnten, denn sie starb im Alter von knapp 15 Jahren an Tuberkulose.

„Das Haus (der Chopins) war rein polnisch", schrieb Józefa Kościelska, eine Schwester von Maria Wodzińska, in die Fryderyk später so heiß verliebt war, in ihren Erinnerungen, „und zwar dank Frau Chopin, geborene Krzyżanowska. Mikołaj Chopin, obwohl Franzose, sprach sehr korrekt polnisch, äußerst grammatisch, wenn auch natürlich mit französischem Akzent, den er nie ganz verlor...

Außer dem Namen hatten die Kinder der Chopins nichts Französisches an sich, und was Fryderyk anbelangt, war er jeder Zoll ein polnisches Kind. Nichts bereitete ihm mehr Verdruß, als wenn man sein Recht anzweifelte, Pole zu sein, und es schmerzte ihn oft, daß sein französischer Name viele Personen, vor allem Ausländer, veranlaßte, ihn für einen Franzosen zu halten...

Das Haus der Chopins war ausnehmend gemütlich: Besonders liebenswürdig war die Mutter Fryderyks, voll ungewöhnlichen Charmes und Süße, die sie auch auf ihren einzigen Sohn übertrug. Von ihr hatte er auch, wie es scheint, die musikalische Begabung geerbt. Die Familie Chopin zeichnete sich überhaupt durch große Musikalität aus, denn außer Fryderyk, der schon damals ein Meister des Klavierspiels war, spielte auch seine Schwester Ludwika... wunderschön auf diesem Instrument."

Die älteste Schwester Fryderyks, die intelligente, begabte und geistreiche Ludwika, war ihm am ähnlichsten und von allen Schwestern am engsten mit ihm befreundet. Sie heiratete Józef Kalasanty Jędrzejewicz, Professor für Rechts- und Verwaltungswissenschaft am Agronomischen Institut in Warszawa.

Die andere Schwester, Izabela, „Gesicht und Umgang rein polnisch, offener und fröhlicher, mehr damit beschäftigt, ihrer Mutter im Haushalt zu helfen", wie Eugeniusz Skrodzki schrieb, heiratete Antoni Barciński, Mathematiker und Lehrer am Warschauer Gouvernementslyzeum.

8

In der Familie Chopin herrschte die schönste Atmosphäre der gegenseitigen Achtung, des Verstehens, der Liebe und Empfindsamkeit. Die Eltern umgaben ihre Kinder mit zärtlichster, doch zugleich kluger Liebe. Diese bezeigten dafür tiefste Ehrfurcht und Ergebenheit und liebten einander sehr.

Fryderyk wurde nicht nur von der nächsten Familie gehätschelt. Dieses hübsche, charmante, geniale Kind mußte auch von den Insassen der Chopinschen „Pension für wohlhabendere Schüler" verwöhnt werden, die älter waren als Fryderyk.

Die Freundschaftbande, die Fryderyk in der Kindheit mit Söhnen der Landadelsfamilien angeknüpft hatte, blieben viele Jahre hindurch bestehen und bildeten seine wunderbarste Verbindung zur Heimat, als er schon seit Jahren auf fremdem Boden lebte.

„Wenn man über die Familie Chopin schreibt", erinnerte sich Eugeniusz Skrodzki, „kann man den Musiklehrer von Fryderyk und den Fräuleins nicht unerwähnt lassen, der mit dieser Familie derart zusammengewachsen ist, daß man ihn gleichsam als Familienangehörigen betrachten kann. Dieser Lehrer, Żywny, war gebürtiger Tscheche, wahrscheinlich ein ehemaliger österreichischer Kapellmeister."

Der Ruhm des kleinen Fryderyks strahlte auch auf die Person seines Lehrers aus.

Wojciech Żywny wurde das Glück zuteil, einen Schüler wie Fryderyk Chopin zu haben — ein ungewöhnlich begabtes Kind, das die Musik über alles in der Welt liebte und beim Lernen geradezu unerhörte Charakterstärke und Ausdauer aufwies. Aber es war auch gut für Fryderyk, daß sein erster Lehrer — wenn auch ein mittelmäßiger — die Begabung seines Schülers sofort erkannte, seinen Enthusiasmus nicht dämpfte, ihm keine unkorrekte Technik beibrachte, ihn liebte und achtete wie übrigens jeder, der mit ihm in Berührung kam, auch schon in seiner Kindheit.

Schon in den frühen Kinderjahren bewies der kleine Fryderyk großes Interesse an allen Formen der Musik.

Kazimierz Władysław Wójcicki, Schriftsteller und Historiker, der die ganze Familie Chopin gut kannte, überlieferte im „Friedhof Powązki" folgende Erinnerung:

„Ich führe hier noch ein Ereignis an, das davon zeugt, was für ein scharfes Ohr er in seinen Kinderjahren für Volksweisen hatte, wie gut er ihnen zu lauschen vermochte. Als er einmal im Winter mit seinem Vater von einem Musikabend zurückkehrte, hörte er in der Schenke einen wackeren Musikanten spielen, der mit seinem Bogen feurige Mazurkas und Obereks fiedelte. Ihre Originalität und ihr prägnanter Charakter rissen ihn mit, er blieb vor dem Fenster stehen und flehte seinen Vater an, er möge auch stehenbleiben, denn er müsse den Geiger aus dem Volke hören: So stand er eine halbe Stunde, vergebens gemahnt, nach Hause zu gehen. Fryderyk rührte sich nicht vom Fleck, bis der Musikant zu spielen aufhörte."

Er war noch keine acht Jahre alt, als er sich mit seinen Kompositionen Ruhm erwarb. „Pamiętnik Warszawski", eine bei den Warschauern beliebte Monatsschrift, veröffentlichte im Januarheft 1818 im „Verzeichnis polnischer Werke, herausgegeben 1817" folgenden Bericht:

„Obwohl wir Tondichter nicht zu den Schriftstellern zählen..., dürfen wir dem Publikum jedoch eine Komposition nicht verschweigen, die freundliche Hände als Stich verbreitet haben: Polonaise pour Piano forte dédiée à son Excellence Mlle la Comtesse Victoire Skarbek par Frédéric Chopin, agé de 8 ans. Der Komponist dieses polnischen Tanzes ist ein Junge, der erst acht Jahre zählt... ein wahres musikalisches Genie: Er spielt nämlich nicht nur mit größter Leichtheit und ungewöhnlichem Geschmack die schwierigsten Stücke auf dem Klavier, sondern er hat bereits einige Tänze und Variationen komponiert, über die Musikkenner nicht genug staunen können."

Diese Notiz, aber auch Berichte von Personen, die die Gelegenheit hatten, den kleinen Fryderyk zu hören, bewirkten, daß man ihn zur Teilnahme am Konzert einlud, das am 24. Februar 1818 vom Warschauer Wohltätigkeitsverein veranstaltet wurde. Der kleine Pianist spielte den ersten Teil eines Konzerts von Gyrowetz. Seitdem war sein Name in der ganzen Stadt bekannt. Man riß sich buchstäblich um ihn. Jeden Abend fuhren die vornehmsten Kutschen vor, um ihn in berühmte Warschauer Salons zu bringen, wo er vorwiegend seine Improvisationen darbot.

Am 20. September 1818 kam die Kaiserin Maria Fjodorowna nach Warszawa, die Mutter des russischen Zaren und polnischen Königs Alexander I. Sie stattete der Warschauer Universität und dem Warschauer Lyzeum, an dem Herr Mikołaj Chopin unterrichtete, einen Besuch ab. Während des Besuchs der Kaiserin in dieser Schule widmete ihr der kleine Fryderyk zwei seiner Kompositionen — polnische Tänze für Klavier — die sie huldvoll entgegennahm. Statthalter des Königreichs Polen war damals ein Bruder des Zaren Alexander I., der Großfürst Konstantin, der mit der Polin Joanna Grudzińska verheiratet war. Sie wohnten im Belweder genannten Palais in einer der schönsten Straßen Warszawas — der Ujazdowskie-Allee. Das Fürstenpaar hatte den kleinen Pianisten sehr gern und lud ihn oft ein.

Bei einem dieser Besuche widmete er dem Großfürsten Konstantin einen Militärmarsch eigener Komposition.

Das Spiel des kleinen Pianisten beeindruckte jeden Hörer tief, und manchmal wirkte es geradezu magisch. In der ersten umfangreichen Biographie Chopins schrieb Maurycy Karasowski in Anlehnung an Erzählungen der Familie und Altersgenossen Fryderyks:

„Wenn die Jungen in der Pension Mikołaj Chopins zu großen Lärm machten, genügte es, daß sich Fryderyk an den Flügel setzte, und sofort war Ruhe."

Eustachy Marylski erinnerte sich:

„In der Abenddämmerung, wenn wir nicht mehr lernen mußten, erzählten wir Ereignisse aus der polnischen Geschichte..., von Schlachten, die unsere Heerführer dem Feind geliefert hatten, und all das gab der junge Chopin auf dem Klavier wieder. Manchmal weinten wir ein bißchen bei dieser Musik, und Żywny begeisterte sich für sein Spiel."

Im September 1823 ging Fryderyk in die IV. Klasse des Warschauer Lyzeums, in dem er drei Jahre gut und fleißig lernte. Die Sommerferien verbrachte er in jener Zeit gewöhnlich auf dem Lande — auf den Gütern der Eltern seiner Klassenkameraden. Zweimal fuhr er in das bei Włocławek in Kujawy gelegene Szafarnia, das der Familie Dziewanowski gehörte. Sowohl die Briefe, die er von dort an seine Eltern schrieb, als auch der von ihm redigierte „Szafarnia-Kurier" zeugten davon, wie scharf er die Umwelt beobachtete und wie lebhaft er auf die volkstümliche Musik reagierte, die ihn, wie wir schon wissen, seit frühester Kindheit sehr interessierte.

Die in der Kindheit bei Volks- und Erntefesten in Szafarnia und Umgebung gehörten Lieder und die beschwingten Weisen, die in den kujawischen Schenken ertönten, sollten später als reinstes Echo in seinen Mazurkas wiederkehren, die Augen der in der Fremde umherirrenden Landsleute mit Tränen füllen und Ausländer durch ihren exotischen Reiz bezaubern. Viele dieser Mazurkas entstanden bereits 1824 und in den folgenden Jahren. Andere sollte Fryderyk erst nach vielen Jahren in der Fremde komponieren, und obwohl ihn dann Tausende Meilen und viele Lebensjahre von den masowischen Weiden und kujawischen Feldern trennten, begleitete ihn die Erinnerung an das Heimatland und sein Volk bis ans Ende seiner Tage.

Schon in früher Kindheit hatte Fryderyk Gelegenheit, hervorragendsten Virtuosen und Musikern zu begegnen. In jenen Jahren stand das künstlerische Leben in Warszawa auf sehr hohem Niveau. Es verfiel erst nach dem Ausbruch und der Niederschlagung des Novemberaufstands 1830/31, als die zaristischen Behörden alle Erscheinungsformen des Kulturlebens vorsätzlich dämpften und hemmten.

In den zwanziger Jahren des 19. Jahrhunderts fuhren jedoch die größten Virtuosen der Welt über Warszawa nach Petersburg. Sie machten hier Station und gaben Konzerte. Der kleine Fryderyk hatte also Gelegenheit, bei einem Konzert Paganinis zugegen zu sein, sich für den Gesang der berühmten Catalani zu begeistern und Hummel zu sehen. Diese Konzerte machten einen starken Eindruck auf ihn. Während des Aufenthalts von Frau Catalani in Warszawa spielte ihr der zehnjährige Fryderyk vor, wofür er zum Beweis der Anerkennung eine goldene Uhr mit der Inschrift „A Frédéric Chopin agé de dix ans" geschenkt bekam.

1821, im Alter von knapp elf Jahren, komponierte er die „Polonaise As-Dur" und widmete sie seinem Lehrer Żywny zum Namenstag. Ein Jahr später war die „Polonaise gis-Moll" fertig; der junge Fryderyk widmete sie der Madame Du-Pont.

Als Alexander I., Zar von Rußland und König von Polen, 1825 Warszawa besuchte, gab ihm Fryderyk in den ersten Junitagen in der evangelischen Kirche ein Konzert auf dem Äolomelodikon, wofür er als Zeichen der Gnade des Monarchen einen goldenen Ring bekam.

Harmonie- und Kontrapunktunterricht nahm er schon seit 1822 privat bei Józef Elsner, einem bekannten Komponisten, dem damaligen Direktor und Dirigenten der Warschauer Oper. Elsner stammte aus dem Raum Opole, aus einer in Polen ansässigen deutschen Familie, er fühlte sich jedoch als Pole und versuchte sogar, seine deutsche Herkunft zu verheimlichen. 1826 beendete Fryderyk mit einem glänzenden Zeugnis das Warschauer Lyzeum und wurde in die Hauptschule für Musik aufgenommen. Nun bildete er sich unter der Leitung Elsners weiter, der das ungewöhnliche musikalische Talent seines Schülers sofort erkannt hatte.

Fryderyk war ein nicht nur musikalisch, sondern allseitig begabter Jüngling. Er schrieb Gedichte, zeichnete herrlich Karikaturen, erfaßte hervorragend charakteristische Züge seiner Modelle.

Als Fryderyk vierzehn und seine Schwester Emilia elf Jahre alt waren, schrieben sie gemeinsam eine kleine Komödie in Versen und führten sie am 6. Dezember 1824 anläßlich des Namenstags ihres Vaters der Familie und den geladenen Gästen vor. Fryderyk spielte in dieser Komödie die Rolle eines dicken Bürgermeisters. „Seine dickbäuchige Gestalt und komische Mimik amüsierten alle prächtig", erinnerte sich Wójcicki.

In seiner frühesten Kindheit zeigte Chopin überdurchschnittliches schauspielerisches Talent, das sich mit der Zeit noch vertiefte.

„Der Pianist Chopin besitzt eine derartige Fähigkeit, Personen nachzuahmen, daß er sofort jeden mit geradezu furchteinflößender Wahrheitstreue wiedergeben kann", schrieb der berühmte Schriftsteller Honoré de Balzac.

In den Erinnerungen Franz Liszts an Chopin lesen wir:

„Dank dem angeborenen Sinn für Humor und der Geistesschärfe brachte er sofort jede Lächerlichkeit ans Licht, wobei er sie dort erblicken konnte, wo andere sie überhaupt nicht sahen; in der Kunst, verschiedene Personen nachzuahmen, zeigte er unerschöpfliche humorvolle Verve und parodierte oft in witzigen Improvisationen musikalische Formen und eigentümliche Kniffe mancher Virtuosen, indem er ihre Gesten und ihr Benehmen imitierte und ihren Gesichtsausdruck so vortrefflich nachahmte, daß wir augenblicklich ein genaues Bild des jeweiligen Künstlers vor Augen hatten."

Als Fryderyk Chopin knapp sechzehn Jahre alt war, stellten Ärzte bei ihm Anzeichen von Tuberkulose fest. Leider verstand man sie damals nicht wirksam zu heilen. Die Ärzte verschrieben dem kranken Jungen eine Wasserkur. Es wurde also beschlossen, die Sommerferien 1826 — vor dem Eintritt Fryderyks in die Hauptschule für Musik — seiner Kur zu widmen. Für diese Kur wurde Duszniki gewählt. Dieser wegen seiner Heilquellen berühmte Ort lag damals auf deutschem Boden und trug den Namen Reinerz. Dort erlebte der blutjunge Fryderyk seine erste Liebe, und dort gab er das erste öffentliche Konzert außerhalb der damaligen Grenzen Polens. Daher steht Duszniki allen Liebhabern der Chopinschen Musik besonders nahe.

Der Aufenthalt in Duszniki hat sich auf den Gesundheitszustand Fryderyks sehr günstig ausgewirkt. Nach Warszawa zurückgekehrt, schrieb er sich an der Hauptschule für Musik ein. Die Kur in Duszniki brachte seiner jüngeren Schwester Emilia jedoch keine Besserung. Ein Jahr später starb sie an Tuberkulose, ohne das fünfzehnte Lebensjahr beendet zu haben. Man kann sich vorstellen, was das für ein schwerer Schlag für die einander innig verbundene Familie Chopin gewesen sein mußte, insbesondere für Fryderyk, der auf alles mit übermäßiger, künstlerischen Naturen eigener Sensibilität reagierte.

Die Chopins zogen dann in eine neue Wohnung im Krasiński-Palast in der Krakowskie-Przedmieście-Straße 5. Fryderyk bekam dort ein eigenes Zimmer in einem höheren Stock.

„Oben liegt ein Zimmer, das meiner Bequemlichkeit dienen soll", berichtete er seinem Freund Tytus Woyciechowski. „Von einer kleinen Garderobe führt eine Treppe dorthin. Ich soll dort einen alten Flügel und einen alten Schreibtisch haben, dort soll mein stilles Eckchen sein."

Fryderyk widmete sich jetzt mit größtem Elan seinem Studium, doch er komponierte auch viel. Sein Lehrer, Józef Elsner, übte auf ihn einen sehr guten Einfluß aus.

Gekonnt geleitet, durch das herzliche Verhältnis zu seinem Lehrer und von seinen Freunden angeregt, komponierte Fryderyk immer mehr.

Die Jahre 1827/28 waren tatsächlich ein besonders fruchtbarer Zeitraum im Schaffen Chopins. Damals entstanden u.a. die Józef Elsner gewidmete „Sonate c-Moll", die Tytus Woyciechowski zum Namenstag geschickte „Polonaise d-Moll" und die auch ihm gewidmeten „Variationen über Mozarts »Là ci darem la mano« (aus „Don Giovanni") für Klavier und Orchester B-Dur", „Nocturno e-Moll", zwei Walzer — As-Dur und Es-Dur —, „Rondo C-Dur" für zwei Klaviere, „Polonaise B-Dur" und schließlich „Rondo à la Krakowiak" für Klavier und Orchester.

Am 18. Februar 1828 erschien im „Kurier Warszawski" folgende Annonce:

„Das Rondo à la Mazurka für Klavier, eine Komposition von Fr. Szopę (Chopin), ist als Lithographie bei A. Brzezina erschienen. Verkauf in dito Notenhandlung zu 3 Złoty."

Die neuen Werke führte Chopin in größerem oder kleinerem Kreise vor, übte sie in der Flügelwerkstatt von Bucholtz, spielte sie seinen Freunden vor.

In jener Zeit improvisierte er auch oft überall dort, wo er darum gebeten wurde und wo er Gelegenheit dazu fand. Die schöpferischen Ideen, die in seinem Kopf sprudelten, ergossen sich in breiten Strömen.

Als Fryderyk Chopin 1829 die Hauptschule für Musik verließ, schrieb Józef Elsner neben seinem Namen im Klassenbuch: „musikalisches Genie"; das war die Note, die ihm in der Zukunft die ganze Menschheit geben sollte.

Wie sah dieser geniale Jüngling in jener Zeit aus? Der schon erwähnte Eugeniusz Skrodzki, „Wielisław", entwarf in seinen Erinnerungen folgendes Porträt von ihm:

„Von mittlerem Wuchs, schlechtem Körperbau, mit eingefallener Brust, erweckte er Befürchtungen, daß er wie seine Schwester Emilia an Schwindsucht leiden werde. Seine Stirn war schön, stolz, die Augen waren ausdrucksvoll, sanft — es war schön, in sie hineinzuschauen, obwohl sie selbst nicht auffallend schön waren, obwohl der Glanz des Genies nicht daraus strahlte. Sein Haar war üppig, dicht, wie bei seinem Vater sehr kraus, dunkel mit rötlichem Ton. Die große Nase verlieh den Gesichtszügen ausgeprägten Charakter, aber insgesamt könnte man diese Züge nicht schön nennen; trotzdem machte das Gesicht Chopins einen ungewöhnlich einnehmenden Eindruck. Die Zähne, früh angegriffen, bereiteten dem Jungen oft heftige Schmerzen. Chopin hatte auffallend kleine, wohlgeformte Füße und wunderschöne, weiße, gepflegte Hände mit rosa Fingern, die er oft mit einer gewissen Ostentation auf die Knie legte. Seine Bewegungen waren lebhaft und rasch, die Rede war geistreich, ein wenig abgerissen, den Schwestern brachte er große Liebe entgegen, und den Eltern, obwohl er eigentlich schon berühmt war, bezeigte er seine Ehrfurcht, die ihn immer, trotz seiner durch Arbeit und Talent gewonnenen Überlegenheit, sich für den niedrigeren halten und Knie und Stirn vor denen beugen ließ, die ihm das Leben gegeben hatten."

Der verständige Mikołaj Chopin sorgte für die Bildung seines Sohnes, doch er zog auch in Betracht, daß die Berührung mit der großen Welt für die Entwicklung eines jungen Künstlers sehr wichtig ist. Er nutzte also die erst-

beste Gelegenheit, um seinen Sohn ins Ausland zu schik-
ken. 1828 wurde Feliks Jarocki, Zoologieprofessor an der
Warschauer Universität, ein guter Bekannter und Freund
der Chopins, zu einem Kongreß der Naturwissenschaftler
nach Berlin eingeladen. Fryderyk fuhr also mit ihm, um
das Musikleben dieser Stadt kennenzulernen, mit den
dortigen hervorragenden Musikern zusammenzutreffen
und dem Herzog Antoni Radziwiłł — dem Statthalter
des Großherzogtums Posen, einem geachteten Komponisten und eifrigen Cellospieler — zu begegnen; seine
Protektion oder gar eine ständige Schirmherrschaft über
Fryderyk konnten nach dem Dafürhalten Mikołaj Chopins
von grundsätzlicher Bedeutung für den jungen Künstler
sein.

Während des Aufenthalts in Berlin konnte Fryderyk
mehrere Opern hören. Er schrieb darüber in einem
Brief vom 20. September an seine Eltern und Schwestern:

„Ab Dienstag, gleichsam eigens für mich, gibt es jeden Tag
etwas Neues im Theater. Mehr noch, ich habe schon ein Oratorium
in der Singakademie gehört, dem »Cortez« (von Spontini — Z. J.),
»Il Matrimonio segreto« von Cimarosa, dem »Colporteur« von Onslow
habe ich mit Befriedigung gelauscht. Dennoch kam das Oratorium
»Cäcilienfest« von Händel dem Idealbild am nächsten, das ich
mir von der großen Musik gemacht habe."

Dem Herzog Antoni Radziwiłł war Fryderyk in Berlin
leider nicht begegnet, doch als er auf dem Rückweg in
Poznań Station machte, lud ihn der Herzog in sein Palais ein, wo der junge Künstler vor der gesamten herzog-
lichen Familie und vielen Gästen spielte.

Am 6. Oktober war Chopin schon zurück zu Hause in
Warszawa, glücklich und zufrieden mit der Reise, die
für ihn von großem Nutzen war und seine Musikkennt-
nisse erweitert hatte.

Das große Talent des blutjungen Pianisten, Komponisten und Improvisators erweckte ernsthaftes Interesse
bei vielen Persönlichkeiten aus der damals so regen und
zahlreichen Warschauer Gesellschaft, in der es mehrere
Zentren von wahrhaft hoher Musikkultur gab.

17

„Chopin zu Gast zu haben", erinnerte sich Józef Sikorski, „ihn spielen zu hören, war eine der größten Wonnen, die Warszawa damals bieten konnte."

Er wurde immer wieder zu Musikabenden und Gesellschaften geladen, man riß sich buchstäblich um ihn. Der Umgang mit kulturvollen, musikliebenden Menschen brachte ihm natürlich gewissen Nutzen, zumal viele Persönlichkeiten, mit denen er damals Bekanntschaft schloß, ihm später die notwendigen Kontakte in der Welt der großen Musik erleichterten; das war jedoch sehr anstrengend und störte ihn bei der schöpferischen Arbeit. In einem Brief vom 27. Dezember 1828 klagte er seinem besten Freund Tytus Woyciechowski:

„Seit einer Woche habe ich weder für die Menschen noch für den lieben Gott geschrieben. Ich laufe von einem zum anderen, auch heute bin ich bei Frau Wincengerodowa zu einem Musikabend, von dort fahre ich zum nächsten bei Fräulein Kicka. Du weißt doch, wie angenehm das ist, wenn man schlafen gehen möchte und gerade dann um eine Improvisation gebeten wird. Versuche mal, es allen recht zu tun!"

Fryderyk wurde nicht nur in Warschauer Salons, sondern auch in Residenzen auf dem Lande empfangen. Ein leidenschaftlicher Anhänger seines Talents wurde auch der Herzog Antoni Radziwiłł, der ihn oft in seine ländliche Residenz nach Antonin bei Kalisz einlud, wo Chopin schon einmal zu Gast gewesen war.

Es waren jedoch nicht nur die aristokratischen Warschauer Kreise, die seinen Geist und seine Seele formten. Zwar lernte er bei ihnen Vorliebe für Luxus und Eleganz, guten Geschmack und ein wenig Snobismus, doch die frühen Ehren der Salons haben ihn zum Glück nicht hochmütig gemacht. Dafür war er zu intelligent und hatte zu gesunde Grundsätze von zu Hause mitbekommen. Die damaligen Kreise der Warschauer intellektuellen Jugend, mit der er Umgang hatte, ihre demokratische und patriotische Haltung übten keinen geringen Einfluß auf seine Weltanschauung aus; obendrein formte ihn Warszawa selbst, die Atmosphäre der Warschauer

Straße, das Warschauer Volk. Er hatte jeden Tag mit ihm zu tun, er fuhr ja damals nicht mit eigener Kutsche, denn das konnte er sich nicht leisten.

Nach der Niederschlagung des Kościuszko-Aufstands und nach der dritten Teilung Polens 1795 durch die drei Großmächte Österreich, Preußen und Rußland wurde die Hauptstadt Polens zu einer Provinzstadt herabgewürdigt, obwohl sie seit 1815 die Hauptstadt des Königreichs Polen war, eines Rumpfstaates, der vom Wiener Kongreß ins Leben gerufen worden war. Die Bindung des Königreichs an das mächtige, unter dem Zepter des Zaren und zugleich polnischen Königs absolutistisch regierte Rußland bedeutete für die polnische Bevölkerung eine ernste Gefahr.

Die ersten Maßnahmen des Zaren Alexander I. im Königreich Polen zeugten davon, daß die konstitutionellen Freiheiten und die politische Unabhängigkeit nur Schein waren. Der Großfürst Konstantin, ein Bruder des Zaren, wurde zum Statthalter des Königreichs Polen ernannt, und für den Verzicht auf den russischen Thron erhielt er von seinem Bruder faktisch die Regierungsvollmacht und freie Hand in Verfassungsfragen. Er brach die Verfassung skrupellos, ordnete Menschen und Gesetze seinem despotischen Willen unter. Ein zweiter Mann des Zaren im Königreich Polen war Senator Nowosilzow, der die Interessen der Petersburger Dignitare vertrat, die sich gegen Polen verbündet hatten. Er war das verkörperte Araktschajew-System, das selbst in Rußland verhaßt war und dessen Hauptprinzipien in der Verfolgung freien Denkens, in Spionage, Provokation, Bestechung und Willkür der Behörden bestanden.

Eine derartige politische Situation im Königreich brachte die nationale Freiheitsbewegung hervor und beschleunigte die Herauskristallisierung der revolutionären Tendenzen, die bekanntlich in ganz Europa aufkamen.

Obwohl sich die verschwörerische Bewegung 1815–1830 in zwei Kreisen — der akademischen Jugend und den Offizieren der polnischen Armee — entwickelte, war die Bevölkerung aller Städte, insbesondere Warszawas, zutiefst patriotisch oder gar revolutionär gesinnt und sollte im bevorstehenden Aufstand von 1830 keine geringe Rolle spielen.

Wie Jarosław Iwaszkiewicz in seinem Buch über Chopin so schön gesagt hat, wurde Chopin

„von Warszawa erzogen... in der Epoche der Herausbildung revolutionärer und demokratischer Tendenzen, in der Epoche des wachsenden Patriotismus und eines immer klareren Denkens an die Wege zur Befreiung des Vaterlandes, an den Kampf der ganzen Welt um soziale und politische Gerechtigkeit. Er wurde von Warszawa erzogen, das vom Lärm der Cafés und dem Klirren der Waffen im Untergrund erfüllt war. Er wurde vom provinziellen, gedemütigten Warszawa erzogen, das voller entrüstender Kontraste, doch stets lebendig war und auf jedes Ereignis scharf reagierte und von jedem Ereignis eine unabhängige Meinung hatte. Chopin war kein Politiker und verstand nicht so recht, was sich um ihn herum abspielte. Doch mit dem sensiblen Herzen eines Polen und Künstlers nahm er diese Atmosphäre in sich auf, spürte sie mit seinen Nerven, erriet sie mit seiner künstlerischen Intuition."

Und er brachte sie in seinem Schaffen zum Ausdruck. Im Jahre 1829, das für ihn unvergeßlich war, weil er schon im folgenden Jahr Polen für immer verließ, und das auch für Warszawa unvergeßlich war, denn es war das Jahr vor Ausbruch des Novemberaufstands, entstand sein großes Werk: das „Konzert f-Moll".

Bevor Chopin die Reise antrat, von der er niemals in seine Heimat zurückkehren sollte, unternahm er noch eine Fahrt ins Ausland, die nicht nur auf seinen Geist einen starken Einfluß ausgeübt hatte, sondern auch für seine künstlerische Laufbahn von großer Bedeutung war.

In der zweiten Hälfte des 18. Jahrhunderts wurde Wien dank Mozart, Haydn und Beethoven zur Musikhauptstadt Europas. Wer in Wien Anerkennung gefunden hatte, genoß Ansehen in der ganzen Welt. Nachdem Fryderyk Chopin die Hauptschule für Musik in Warszawa abgeschlossen hatte und die musikalischen Kreise ihm der Namen eines Genies zuerkannt hatten, war es für seine weitere Laufbahn sehr wichtig, daß er sich auch in Wien präsentierte. Chopin selbst wollte das, darauf bestanden auch nicht nur Elsner und Fryderyk Skarbek, der sich immer noch für seinen Patensohn interessierte, sondern alle, denen die Entwicklung seines Talents und seine weitere Karriere am Herzen lagen. Das war um so wichtiger, weil gerade in Wien, im Verlag Haslingers, zwei seiner größeren Werke — „Variationen über Mozarts »Là ci darem la mano« für Klavier und Orchester B-Dur" sowie die „Sonate e-Moll" — erscheinen sollten.

Nach Wien begab sich Fryderyk in Begleitung seiner drei Freunde Romuald Hube, Marceli Celiński und Ignacy Maciejowski. Er fuhr mit Empfehlungsbriefen an viele Wiener Musiker und berühmte Persönlichkeiten.

Fryderyk wurde in Wien sehr herzlich empfangen. Das geschah vor allem deshalb, weil Wilhelm Würfel, ein Tscheche, der in Warszawa als Orgelspiellehrer und nach dem Umzug nach Wien als Dirigent tätig war, ihn in seine Obhut nahm. Er kannte Chopin gut und schätzte sein Talent. Er wurde der Hauptinitiator und Organisator seiner Konzerte in Wien, die übrigens ohne Honorar gegeben wurden. Diese zwei Auftritte waren für den jungen Komponisten von großer Bedeutung. Sie haben ihm einen guten Ruf und Erfahrungen als Konzertsolist eingebracht.

„Heute bin ich rund 4 Jahre klüger und erfahrener", schrieb er an seine Eltern.

Ins Programm zum ersten Konzert, das am 11. August stattfand, nahm er seine Variationen in B-Dur über ein Thema aus der Oper „Don Giovanni" und „Rondo à la Krakowiak" auf, doch seinen Eltern schrieb er:

„Bei der Probe begleitete mich das Orchester derart schlecht, daß ich das Rondo in eine freie Phantasie ändern mußte. Sobald ich auf der Bühne erschien, wurde geklatscht, und nach jeder Variation gab es solchen Beifall, daß ich das Tutti des Orchesters nicht hörte. Als ich fertig war, wurden mir solche Ovationen dargebracht, daß ich zum zweiten Mal vortreten und mich verbeugen mußte."

Am 18. August gab er im Kärntnerthor-Theater das zweite Konzert:

„Ich habe zweimal gespielt, das zweite Mal habe ich noch mehr Anklang gefunden, es geht also crescendo — so wie ich es mag", berichtete er seiner Familie.

Für das Spiel und die Kompositionen des jungen polnischen Künstlers begeisterte sich auch kein geringerer als Graf Lichnowski — Musikkenner, Freund und Protektor Beethovens.

„Er konnte mich nicht genug rühmen...", schrieb Chopin an seine Familie. „Die öffentliche Meinung behauptet, ich habe der hiesigen Noblesse gefallen."

Er hat auch den Musikkritikern sehr gefallen, die in der Wiener Presse nicht mit Lob geizten.

Nach Wien hat Chopin auch Prag, Dresden und Wrocław besucht. In Prag hat er nicht konzertiert, sondern nur Kontakte mit hervorragenden Persönlichkeiten der Musikwelt aufgenommen, an die er aus Warszawa und Wien Empfehlungsbriefe mitbrachte.

Er besuchte damals mit seinen Gefährten den hervorragenden tschechischen Panslawisten Vaclav Hanka, Direktor des Prager Museums.

„Wir mußten uns in sein Buch eintragen, das den Besuchern des Prager Museums gewidmet war, die seine besondere Gunst genossen. Es standen u.a. schon Brodziński und Morawski darin. Jeder von uns strengte also sein Konzept an: Der eine schrieb etwas in Versen, der andere in Prosa... Was aber sollte ein Musiker machen? Glücklicherweise verfiel Maciejowski auf die Idee, vier Strophen einer Mazurka zu verfassen, ich schrieb die Musik dazu und trug mich zusammen mit meinem Dichter ein, so originell wie wir nur konnten. Hanka freute sich, denn es war eine Mazurka für ihn, seinen Verdiensten auf dem Gebiet des Slawentums gewidmet."

Auf dem Weg von Prag nach Dresden besuchte Chopin Teplitz (gegenwärtig das tschechische Teplice), wo er in den Salons des Fürstenpaars Clary, den Eigentümern dieser Stadt und ausgedehnter Güter in Dolny Śląsk, improvisierte. Er begegnete dort u.a. dem sächsischen General Leiser, der sich für seine Improvisationen so begeisterte, daß er ihm sofort einen Empfehlungsbrief an Baron de Friesen, dem Zeremonienmeister des sächsischen Königs, gab, mit der Bitte, „ihm bei seinem Aufenthalt in Dresden behilflich zu sein und mit den hervorragendsten Künstlern bekannt zu machen"; weiter fügte er in seinem Brief hinzu: „Herr Chopin ist selbst einer der vorzüglichsten Pianospieler, die ich bis jetzt kenne."

In Dresden kam Chopin gerade zu der Zeit an, als der achtzigste Geburtstag Goethes gefeiert wurde. Bei dieser Gelegenheit sah er sich den „Faust" im Dresdener Theater an und besuchte die berühmte Gemäldegalerie.

Von seinem Aufenthalt in Wrocław ist kein Brief erhalten geblieben, wir verfügen also über keinen Bericht vom Verlauf dieses Besuches. Wir wissen nur, daß seine große Reise von Ende Juli bis Anfang September 1929 dauerte.

Der Erfolg, den der Neunzehnjährige in Wien errang, bahnte ihm den Weg zur großen künstlerischen Karriere in ganz Europa. Man mußte also an seine Weiterbildung im Ausland und an einen Posten denken, der seinem Talent als Komponist und Virtuose entsprechen würde. Die Pläne schwankten zwischen Frankreich, Italien und Deutschland. Die leichteste Art, die Mittel für dieses kostspielige Vorhaben zu erwerben, waren öffentliche Konzerte, bei denen Fryderyk viel bieten konnte, denn er hatte schon mehrere neue, große Werke fertig.

Am 12. Februar 1830 veröffentlichte die Warschauer „Gazeta Polska" folgende Annonce:

„Unser Virtuose Chopin hat ein neues Konzert für Klavier f-Moll geschrieben, dessen Probe mit dem ganzen Orchester am vorigen Sonntag stattgefunden hat. Die Kenner begeistern sich für diese neue Musikschöpfung, sie ist ein Werk, das viele völlig neue Ideen enthält und zu den schönsten neuen Kompositionen gerechnet werden kann."

Das erste Konzert Chopins in Warszawa im Frühjahr 1830 fand am 17. März im Nationaltheater statt. Er führte das „Konzert f-Moll" Opus 21 und die „Fantasia A-Dur zu Themen polnischer Volkslieder" Opus 13 auf. Es nahmen daran auch die hervorragende Sängerin Barbara Majewska und der bekannte Waldhornbläser Goerner teil. Das Orchester wurde von Karol Kurpiński, einem hochgeschätzten Warschauer Komponisten, geleitet.

Am 18. März berichtete Adam Dmuszewski von diesem Konzert im „Kurier Warszawski":

„Musikliebhaber haben gestern im Nationaltheater einen überaus angenehmen Abend verbracht. Es sind 800 Personen gekommen, was beweist, daß unser Publikum wahres Talent zu belohnen pflegt. Der junge Virtuose hat die Anwesenden zufriedengestellt, man bescheinigte ihm, daß er zur Reihe der hervorragenden Meister gehört."

Am 22. März 1830 fand das zweite öffentliche Konzert Fryderyk Chopins statt. Die Presse hat es wieder wohlwollend beurteilt. „Kurier Warszawski" berichtete am nächsten Tag:

„Zum zweiten Konzert Chopins sind wieder fast 900 Personen gekommen. Der Virtuose wurde mit frenetischem Beifall begrüßt, der immer wieder neu ausbrach, besonders aber nach dem Krakauer Rondo. Zum Schluß improvisierte der Künstler: Die beliebten Volkslieder »Die strenge Welt« sowie »Komische Sitten gibt es in der Stadt« bereicherte er durch angenehmste Änderungen und Akkorde, die ein Meistertalent kennzeichnen."

Die dramatische Atmosphäre, in der Warszawa 1829 lebte, hat im „Konzert f-Moll" Chopins ihren Ausdruck gefunden. Doch großen Einfluß auf den jungen Komponisten übte damals auch ein Gefühl aus, das in seinem Herzen aufstieg. Mit niemandem hat er darüber gesprochen, auch nicht mit seiner Auserkorenen, doch seinem besten Freund, Tytus Woyciechowski, vertraute er seinen Liebeskummer an:

„Denn ich habe schon — vielleicht zum Unglück — mein Ideal", schrieb er am 3. Oktober 1829, „dem ich bereits seit einem halben Jahr treu diene, ohne mit ihm gesprochen zu haben, von dem ich träume, dem zu Ehren das Adagio in meinem Konzert (f-Moll) entstanden ist und das mich heute morgen zu dem Walzer inspiriert hat, den ich dir mitschicke."

Dieses Ideal war ein blauäugiges, blondes Mädchen, Fräulein Konstancja Gładkowska, die Tochter des Burggrafen des Warschauer Schlosses, Stipendiatin der Regierung, die sich im Warschauer Konservatorium unter der Leitung von Soliva in Gesang ausbilden ließ.

Chopin hat sie wahrscheinlich im April 1829 bei einem Schaukonzert zum ersten Mal gesehen, als sie mit großem Erfolg vor dem Publikum gesungen hat.

Vermutlich haben sie sich im Winter 1829/30 kennengelernt. Wie tief dieses Gefühl gewesen sein mußte, zeigen die unter seinem Einfluß komponierten Werke wie das Adagio aus dem „Konzert f-Moll". Der Liebeskummer schwächte seinen schöpferischen Elan nicht. Im Gegenteil: Das Gefühl für Fräulein Gładkowska war immer noch eine Inspiration für ihn. Er arbeitete nun am „Konzert e-Moll".

Im Sommer 1830 fuhr Fryderyk nach Poturzyn, dem Gut von Tytus Woyciechowski. Doch bereits am 20. Juli kehrte er nach Warszawa zurück. Für den 21. Juli war nämlich der erste Auftritt von Fräulein Gładkowska in der Oper angesetzt. Das Debüt war gelungen.

Fryderyk verheimlichte allen, daß er Konstancja Gładkowska liebte. Seinen Eltern und Schwestern spiegelte er vor, er sei in die Komtesse Aleksandryna de Moriolles verliebt.

Fryderyk litt enorm, als er sah, wie sich polnische und russische Offiziere um das hübsche Fräulein Gładkowska bemühten. Man sprach von heftigen Eifersuchtsszenen. Immerhin verließ er Warszawa mit einer Schleife auf der Brust und einem bescheidenen Ring am Finger, nachdem er seiner Geliebten einen anderen, ebenso bescheidenen Ring an den Finger gesteckt hatte. Er konnte es damals noch nicht wissen, doch er ahnte es voraus, daß er sie nie wiedersehen werde. Fräulein Konstancja spürte wohl auch, daß die Abreise Fryderyks das Ende ihrer Beziehungen bedeutete, und deshalb vielleicht beschloß sie zwei Jahre später, den reichen Großgrundbesitzer Grabowski zu heiraten. Doch ihr Gefühl für Fryderyk erlosch nie, es war für sie die heiligste Erinnerung. Bis an ihr Lebensende hob sie heimlich sein Porträt und seine Briefe auf. Vor dem Tode hat sie diese Andenken verbrannt, damit niemand durch seine Neugier das Geheimnis ihrer beider schönsten, ersten Liebe befleckte.

Das Abschiedskonzert gab Fryderyk am 11. Oktober 1830 in Warszawa. Zum ersten Mal spielte er öffentlich sein „Konzert e-Moll". Dennoch „waren nicht alle Plätze besetzt", wie Karol Kurpiński in seinem Tagebuch schrieb.

Auch die Warschauer Presse reagierte nicht so lebhaft wie bei seinen zwei Konzerten im März. Nur „Kurier Warszawski" veröffentlichte einen enthusiastischen, wenn auch kurzen Bericht.

Dieses geringere Interesse des Publikums, insbesondere der Warschauer Presse, am Konzert Chopins läßt sich wohl dadurch erklären, daß die Einwohner Warszawas, vor allem die jungen Kritiker, die um Maurycy Mochnacki geschart waren, völlig anderen Gedanken nachhingen, die mit Musik absolut nichts zu tun hatten. Es war ja Mitte Oktober 1830.

Im Herbst jenes Jahres waren die Gemüter in Warszawa ungewöhnlich erregt, und das sowohl unter der Intelligenz und in der Armee als auch in kleinbürgerlichen und Arbeiterkreisen. Diese Erregung wurde noch durch Berichte verstärkt, die aus Europa kamen. Ende Juli 1830 stürzte das Pariser Volk die Bourbonen-Dynastie, bald danach brach in Belgien ein Aufstand gegen die Niederlande aus. Ein Aufstand gegen die Heilige Allianz stand bevor. Diese Nachrichten sowie das Echo der Auflehnung des Volkes in Deutschland übten einen gewaltigen Einfluß auf die Jugend und das Heer aus, elektrisierten die Warschauer Straße.

Trotz verschärfter Polizeiaufsicht richtete die Stadtarmut offene Drohungen an die Regierung. Die Schar der Arbeitslosen und Armen nahm stets zu. Zaristische Offiziere wurden auf der Straße angegriffen und beschimpft. Es tauchten gegen die Teilerstaaten gerichtete Aufschriften an Wänden und Flugblätter auf.

Zu jener Zeit entwickelte die Verschwörergruppe von Piotr Wysocki ihre Tätigkeit. Den Kern dieser Organisation bildete die Jugend von der Fähnrichschule in Warszawa. Sie leitete auch die Tätigkeit einiger geheimer Studentengruppen. 1830 kam es an Warschauer Hochschulen zu patriotischen Manifestationen anläßlich des Jahrestages der Kościuszko-Insurrektion — der letzten patriotischen Erhebung gegen die zaristische Unterdrückung.

Die verschwörerischen Studenten, Schriftsteller und Intellektuellen Warszawas drängten auf Revolution. Unterstützt wurden sie in gewissem Grade von einem Vertreter der Sejmopposition, dem hervorragenden Warschauer Historiker Joachim Lelewel. Auf Revolution bestanden auch Józef Zaliwski, Ksawery Bronikowski und Maurycy Mochnacki — ein junger verheißungsvoller Publizist, Schriftsteller und Musikkritiker. Gab es also in einer solchen Situation Zeit und Platz dafür, sich für die Musik des jungen Chopin zu begeistern?

Sicherlich nicht! Doch er selbst, obwohl er mit der revolutionären Bewegung im Sinne einer aktiven Mitwirkung nichts gemein hatte, empfand diese Stimmung mit der sensiblen Seele des Künstlers tief nach, wovon die in jener Zeit geschaffenen Werke zeugen. Sollte es also zu einem Aufstand kommen, würde er zweifellos darin verwickelt sein.

Mikołaj Chopin, der mit den Universitätskreisen engstens verbunden war, mußte von der herannahenden Gefahr einer bewaffneten Revolte wissen, und sicher war er zu der Überzeugung gelangt, daß es für seinen Sohn am besten wäre, diesen Tumult zu meiden.

Es wurde also beschlossen, daß Fryderyk Warszawa

verlassen und in den ersten Novembertagen nach Wien fahren würde.

In den letzten Wochen, die Fryderyk in Polen verbrachte, nahmen seine zahlreichen Bekannten und Freunde bei geselligen Zusammenkünften Abschied von ihm.

Am 2. November 1830 verließ Chopin Warszawa, von seinen Freunden verabschiedet mit einer Kantate Józef Elsners, die eigens für diese Feierlichkeit komponiert worden war. In einem silbernen Pokal, den ihm seine Freunde am Vorabend der Abreise geschenkt hatten, nahm er heimatliche Erde mit.

Das Lied, mit dem er an der Grenze Warszawas verabschiedet wurde, enthielt Worte, die ihm versicherten, daß sein Herz hierbleiben werde, auch wenn er seine Heimat verlasse. Diese Worte gingen in Erfüllung, als seine Schwester Ludwika, die bei seinem Tod in Paris anwesend war, es in einer Glasurne nach Warszawa brachte, wie er es gewünscht hatte.

Chopin verließ seine Heimat als vollkommen ausgereifter Künstler. In seiner Kompositionsmappe hatte er all seine Werke für Klavier mit Orchester, darunter zwei Konzerte, ferner mehrere Polonaisen, Mazurkas, einige Nocturnes, Walzer und Etüden aus dem Opus 10 sowie viele andere kleine Werke. Das war etwas, womit er Europa kühn erobern konnte.

Trotzdem war er mit Traurigkeit und schlimmen Vorahnungen erfüllt. Zwei Monate vor seiner Abreise schrieb er an seinen besten Freund, Tytus Woyciechowski:

„Ich denke, daß ich wegfahre, um mein Zuhause für immer zu vergessen, ich denke, daß ich wegfahre, um zu sterben — wie schmerzlich muß es sein, nicht da zu sterben, wo man gelebt hat."

Fryderyk Chopin in der Fremde

Fryderyk Chopin hatte weitreichende Pläne, als er am 2. November 1830 Warszawa verließ. „Was den Winter anbetrifft, will ich zuerst für zwei Monate nach Wien und dann nach Italien", vertraute er im September Tytus Woyciechowski an. Doch der revolutionäre Aufruhr in ganz Europa durchkreuzte diese Pläne.

Von Warszawa aus begab er sich zuerst — über Kalisz, wo er Tytus Woyciechowski traf, und dann in dessen Begleitung über Wrocław, Dresden und Prag — nach Wien. Sie beabsichtigten, gemeinsam nach Italien zu fahren.

In Wrocław gab er überraschend ein Konzert, worum ihn der dortige hervorragende Dirigent Schnabel gebeten hatte. Er spielte einen Teil des „Konzerts e-Moll" und improvisierte zu Themen aus Aubers Oper, „Die Stumme von Portici". Sein Spiel rief Begeisterung, aber auch eine gewisse Verblüffung durch die neue, dort unbekannte Form seiner Kompositionen und Improvisationen hervor.

Sein lediglich einige Tage dauernder Aufenthalt in Dresden erweckte bei den zahlreichen dort ansässigen Polen großes Interesse. Alle wollten ihn bei sich zu Gast haben. Diese Besuche brachten ihm großen Nutzen, denn er wurde mit mehreren Empfehlungsbriefen versehen und schloß viele interessante Bekanntschaften.

Eben in Dresden hat er zum ersten Mal die wohlhabende Landadelsfamilie Komar aus Podolien, dem südöstlichen Teil Polens, besucht. Damals lernte er die älteste Tochter — die Gräfin Delfina Potocka, eine in ganz Europa bekannte Schönheit mit großem Talent für Gesang und Musik — kennen.

Als Ausdruck der Achtung und der Freundschaft, die sie später in Paris verband und bis an sein Lebensende bestand, widmete er der schönen musikbegabten Gräfin sein 1836 veröffentlichtes „Konzert f-Moll".

In der zweiten Novemberhälfte kam er mit Tytus Woyciechowski in Wien an.

Der Ausbruch des gegen Rußland gerichteten Aufstandes am 29. November 1830 vereitelte die geplante Weiterreise mit Woyciechowski, der auf die Nachricht vom Aufstand hin sofort in die Heimat zurückeilte, um in die Armee einzutreten. Dem Rat des Freundes und auch dem Befehl des Vaters gehorchend, blieb Fryderyk zurück. Allerdings brach er schon am nächsten Tag nach der Abreise Woyciechowskis auf, um ihm zu folgen, gab es jedoch schließlich auf und verbrachte acht lange Monate in Wien.

Der Aufenthalt in der Donaumetropole verlief diesmal ganz anders als früher. Die Wiener Bourgeois und Aristokraten, die ihn 1829 so herzlich empfangen hatten, verhielten sich ihm gegenüber jetzt sehr reserviert, denn er war Pole, Bürger eines Landes, in dem es zu einer Revolte gegen das zaristische Rußland gekommen war. Das erweckte kein Vertrauen, jeder Pole war in ihren Augen ein Revolutionär. Unter diesen Umständen war es nicht leicht, ein Konzert zu veranstalten; er hatte auch Schwierigkeiten, die Visa für die Weiterreise zu erhalten.

Fryderyk verkehrte in Musikerkreisen, besuchte Theater und unterhielt gesellschaftliche Beziehungen, doch im Innersten war er traurig und mißgestimmt. Aus Polen

30

drangen Nachrichten von den sich ausdehnenden Kämpfen und der immer schwierigeren politischen Lage zu ihm. Er sorgte sich also nicht nur um das Schicksal des Vaterlandes, sondern auch der nächsten Familienangehörigen.

Die mit der Erledigung von Paß und Visum verbundenen Schwierigkeiten brachten auch seine Pläne zur Weiterreise nach Italien ins Wanken. Es gelang ihm auch nicht, von den russischen Konsularbehörden eine Ausreisegenehmigung zu erhalten. Er hatte zwar vom Großfürsten Konstantin ein Empfehlungsschreiben an den Botschafter Rußlands in Wien bekommen, doch sein Nationalstolz erlaubte es ihm nicht, davon Gebrauch zu machen.

Ein großer Trost für ihn in dieser Situation war die allgemeine Anerkennung für die vom Verleger Haslinger in Wien veröffentlichten „Variationen über Mozarts »Là ci darem la mano«". Dieses Opus 2 rief die Begeisterung der Kritiker und der hervorragendsten Vertreter der Musikwelt Österreichs, Deutschlands und Frankreichs hervor.

Die schönste Rezension dieses Werkes war eine Novelle des jungen deutschen Komponisten Robert Schumann, eines der größten Verehrer Chopins, die am 7. Dezember 1831 von der Leipziger „Allgemeinen Musikalischen Zeitung" veröffentlicht wurde. Die Äußerung Schumanns über Chopin „Hut ab, ihr Herren, ein Genie", die in diesem Beitrag enthalten war, machte die Runde in Europa.

Diese Anerkennung ist Fryderyk jedoch nicht zu Kopf gestiegen. Seine Bescheidenheit war rührend.

„Ich bin... gestern in der Kaiserlichen Bibliothek gewesen", schrieb er am 14. Mai 1831 aus Wien an seine Familie. „Könnt Ihr Euch meine Verwunderung vorstellen, als ich zwischen neueren Manuskripten ein Buch im Futteral mit der Aufschrift C h o p i n erblickte..., noch nie habe ich von einem anderen Chopin gehört... Ich nehme es heraus, siehe da — meine Handschrift; Haslinger war es, der das Manuskript meiner »Variationen« der Bibliothek übergeben hat. Ich habe mir gedacht, ihr Dummköpfe, habt ihr denn nichts Besseres zu bewahren!"

Nach langwierigen hartnäckigen Bemühungen in verschiedenen Ämtern und nach einem letzten Konzert verließ Chopin am 11. Juni endlich Wien mit einem österreichischen Visum nach London über Paris im Paß. Unterwegs machte er in München Station, wo er sich den ganzen August aufhielt. Am 28. August gab er dort ein Konzert, das bestens aufgenommen wurde und zu dem ein erlesenes Publikum gekommen war. Er führte sein „Konzert e-Moll" vor und trug einen großen Erfolg davon.

Nachdem er als Komponist und Virtuose neue Lorbeeren errungen hatte, begab er sich Anfang September nach Stuttgart. Dort ereichte ihn die Nachricht von der Belagerung Warszawas durch zaristische Truppen. Niedergeschlagen, verzweifelt, von schrecklichsten Vorahnungen geplagt, trug er fieberhaft seine furchteinflößenden Visionen in sein Tagebuch ein. Sein Schmerz und seine Verzweiflung auf die Nachricht von der Kapitulation Warszawas hin sowie die quälende Sorge um die Familie und seine Geliebte brachte er in seinen drei dramatischsten Kompositionen zum Ausdruck, der „Etüde c-Moll", genannt „Revolutionsetüde", sowie den Präludien d-Moll und a-Moll, die in jener Zeit entstanden sind.

Die Erschütterung, die Fryderyk damals erlitt, hinterließ ihre Spuren für sein ganzes Leben. Die Sehnsucht nach Polen, der Liebeskummer und schließlich die Krankheit, die jahrelang an ihm zehrte, riefen tiefe Traurigkeit und Melancholie in ihm hervor, die in all seinen Werken herrschen.

Aus Stuttgart begab sich Chopin über Straßburg direkt nach Paris. Neben Wien war es die zweite Metropole der europäischen Musik und strebte immer erfolgreicher den ersten Platz an.

„Ich bin damit zufrieden, was ich hier vorgefunden habe", schrieb er gleich nach seiner Ankunft in Paris an einen seiner Wiener Freunde, Norbert Alfons Kumelski. „Ich habe hier die besten Musiker der Welt und die beste Oper. Ich kenne Rossini, Cherubini, Paër usw., usf., und vielleicht werde ich mich hier länger aufhalten, als ich gedacht habe... Allmählich werde ich in der Welt bekannt, in der Tasche habe ich aber nur einen Dukaten."

Nachdem sich Chopin in knapp zwei Monaten nach der Ankunft in Paris „einen großen Namen unter den Künstlern" gemacht hatte, wollte er ein Konzert für ein breiteres Publikum geben. Das war jedoch nicht leicht zu arrangieren, da er sich bei einem solchen Konzert auch der Teilnahme anderer Künstler versichern mußte.

Über das Programm für dieses Konzert schrieb er an Woyciechowski:

„Es spielt Baillot, dieser berühmte Rivale Paganinis, ferner Brodt, ein berühmter Oboist, ich gebe mein f-Moll, Variationen B-Dur... Außerdem spiele ich mit Kalkbrenner auf zwei Klavieren, in Begleitung vier anderer, seinen Marche suivie d'une Polonaise. Es ist eine verrückte Idee."

Das geplante Konzert hat am 26. Februar 1832 stattgefunden und einen sehr guten Eindruck gemacht. Es brachte Fryderyk auch gewissen Profit. Doch das Geld, das er aus Warszawa bekommen und auch bei diesem Konzert verdient hatte, war schnell ausgegeben.

Die große Konkurrenz und seine angeborene Abneigung gegen Reklame erschwerten es Chopin, Anwärter für Musikunterricht zu finden, was für ihn eine Unterhaltsquelle hätte sein können.

Er zögerte also, was er weiter machen sollte: nach London oder Amerika zu fahren oder aber nach Polen zurückzukehren. Als er bereits fast entschlossen war, nach Polen zurückzukehren, fügte der Zufall alles anders. Ein Bruder des Herzogs Radziwiłł aus Antonin führte ihn in den Salon der Bankierfamilie Rothschild ein. Dort begeisterte sein Spiel die Anwesenden derart, daß man ihm von allen Seiten gutbezahlte Musikstunden in den vornehmsten Pariser Häusern vorzuschlagen begann.

Mitte Januar 1833 schrieb er seinem Freund aus der Kindheit, Dominik Dziewanowski, über sein Leben in Paris:

33

„Ich bin überall begehrt. Bin in die feinste Gesellschaft geraten, sitze zwischen Botschaftern, Fürsten, Ministern, und ich weiß selbst nicht, wieso, denn ich habe mich nicht danach gedrängt. Heute brauche ich das am nötigsten, denn von dort kommt angeblich der gute Geschmack, man hat sofort größeres Talent, wenn man in der englischen oder österreichischen Botschaft gehört wurde... Unter Künstlern genieße ich Freundschaft und Achtung."

Jetzt gehörte es zum guten Ton in Paris, bei Chopin Musikunterricht zu nehmen. In einem Brief an seine Familie heißt es zum Beispiel:

„Ich schließe jetzt, denn ich muß der jungen Frau Rothschild Unterricht geben, dann einer Marseillerin, dann einer Engländerin, dann einer Schwedin, und um fünf habe ich eine Familie aus New Orleans, die mir von Pleyel empfohlen wurde. Dann bin ich zum Mittagessen bei Léo, zum Abendessen bei den Berthis, und dann will ich schlafen, wenn das möglich ist."

Unter solchen Umständen dachte er überhaupt nicht an seine Gesundheit und sorgte kaum für die nötige Entspannung. Fast jeden Tag nahm er bis spät in die Nacht an verschiedenen Gesellschaften teil oder empfing selbst Besuch. Er hatte niemanden, der sich in seinem täglichen Leben ständig um ihn kümmern würde. Die Mahnungen seines Vaters, auf seine Gesundheit zu achten, hatten keinerlei Wirkung. Chopin war schon immer schwächlich gewesen, kein Wunder also, daß sich nach sechs Jahren eines solchen Lebens sein Lungenleiden verschlimmerte, bis die damals leider unheilbare Tuberkulose schließlich voll zum Ausbruch kam.

Zur nächsten Umgebung Chopins in Paris gehörten nur wenige Menschen, die jedoch alle schöpferische, überdurchschnittliche Persönlichkeiten waren.

Ein enger Bekannter Chopins war damals Franz Liszt, der über ihren gemeinsamen Kreis in seinen Erinnerungen schrieb:

„Diesen Kreis bildete eine Handvoll berühmter Leute, die vor ihm das Haupt neigten wie Könige verschiedener Länder, die sich versammelt haben, um einen aus ihrer Mitte zu ehren... Die hervorragendsten Geister von Paris trafen sich oft im Salon Chopins:

34

Er besaß die angeborene polnische Herzlichkeit, die den Gastgeber nicht nur den Pflichten und Geboten der Gastfreundschaft unterordnet, sondern ihn auch völlig auf die eigene Person verzichten läßt, um nur an Wünsche und Annehmlichkeiten der Besucher zu denken. Wir kamen gerne zu ihm, denn jeder fühlte sich dort wie zu Hause, ganz frei, weil nämlich Chopin seine Gäste zu Herren über alles machte, und seine ganze Person und alles, was er besaß, in ihre Dienste stellte."

Zum Kreis der nächsten Freunde Chopins zählten der hervorragende deutsche Dichter Heinrich Heine, der französische Maler Eugène Delacroix, der polnische Nationaldichter Adam Mickiewicz, der greise polnische Schriftsteller Julian Ursyn-Niemcewicz und natürlich fast alle hervorstechenden Vertreter der Musikwelt, die damals in Paris lebten. Dazu gehörten die deutschen Pianisten Ferdinand Hiller, Friedrich Wilhelm Kalkbrenner, Sigismond Thalberg und Johann Peter Pixis, die ausgezeichnete Sängerin Pauline Viardot-Garcia, der Tenor Adolphe Nourrit, der hervorragende französische Komponist Hector Berlioz sowie zwei glänzende französische Schriftstellerinnen — Marie d'Augoult, die den Schriftstellernamen Daniel Stern benutzte, und Aurore Dudevant, die unter dem Namen George Sand schrieb. Letztere sollte später eine sehr wichtige Rolle im Leben Chopins spielen.

Mit der Zeit erweiterte sich Chopins Bekanntenkreis enorm. Sowohl König Ludwig Philipp von Frankreich als auch der Sozialist Louis Blanc, Anführer der extremen französischen Linken, kannten ihn persönlich; er spielte sowohl in legitimistischsten Häusern als auch am Sterbebett des Oppositionsmitglieds Gottfried Cavaignac.

Er, ein polnischer Emigrant, war im damaligen Paris, der kulturellen Hauptstadt Europas, eine der prominentesten Persönlichkeiten neben solchen gebürtigen Franzosen wie Balzac, Dumas, George Sand. Und jeder, der von Paris aus irgendwo hinfuhr, wie z.B. der Geiger Artôt nach Moskau oder Petersburg, wurde mit Fragen überschüttet: „Kennen Sie Chopin? O wie gerne möchte ich Chopin kennenlernen!"

Sein Name lockte Musikadepten aus allen Ländern Europas an die Seine, die gerade von ihm das Geheimnis erlernen wollten, wie man menschliche Seelen und Herzen anspricht.

Sein Genie und seine Kunst, die einem bis zum letzten Tropfen Blut polnischen Herzen entsprangen, belebten dennoch jeden Menschen ohne Rücksicht auf die Nationalität. Eben deshalb wurde er, ein Pole, zum Eigentum der ganzen Menschheit und ist es weiterhin.

Die Eltern Fryderyk Chopins waren sich darüber im klaren, welche Bedeutung seine künstlerischen Triumphe in Frankreich hatten, und es kam ihnen nicht in den Sinn, ihn zur Rückkehr nach Polen zu bewegen. Die Atmosphäre der Niedergeschlagenheit und Unterdrückung, die in Warszawa nach dem mißlungenen Aufstand herrschte, bot einem Künstler wie ihm keine Entwicklungsmöglichkeiten.

Eine andere Sache war, daß sich die Eltern sehr nach ihm sehnten und genauso wie er selbst von einem Treffen außerhalb Polens träumten.

Als sich Herr Mikołaj Chopin und seine Gemahlin im Sommer 1835 gemäß der Anordnung des Arztes zur Kur nach Karlsbad begaben, fuhr der davon benachrichtigte Fryderyk sofort dorthin, um seine Eltern zu sehen.

Die Freude war auf beiden Seiten grenzenlos!

Nach fast einem Monat gemeinsamen Aufenthalts in Karlsbad trennten sie sich. Die Eltern fuhren über Wrocław nach Warszawa zurück, und Fryderyk begab sich über Dresden und Leipzig nach Paris, wo ihn seine Schülerinnen und Schüler erwarteten.

Chopin hat seine Eltern später nicht wiedergesehen. Die Begegnung in Karlsbad war einer der freudvollsten Augenblicke in seinem Leben in der Fremde. Trotz der künstlerischen Triumphe, trotz der Erfolge in den besten Gesellschaften von Paris waren solche Momente nicht allzu zahlreich.

Zwischen den persönlichsten Erinnerungsstücken im Nachlaß Chopins befand sich ein Packen Briefe, der mit einer Schleife zugebunden und mit zwei Worten versehen war, die er selbst geschrieben hatte: „Mein Elend".

Diese Worte geben zu denken und lassen vermuten, daß die Briefe in diesem Paket irgendwie mit einer Niederlage im Leben — und das nicht ohne eigenes Verschulden — oder mit einem Zeitraum des Glücks verbunden waren, das seinerzeit nicht gebührend geschätzt und dadurch verloren wurde.

Das Paket enthielt Korrespondenz, die er von der Familie Wodziński zwischen 1835 und 1837 bekommen hatte. Diese zwei Jahre waren ein reizvoller Zeitraum, der sich für immer in sein Gedächtnis eingegraben hatte. Das war die Zeit seiner Liebe zu Maria Wodzińska, der Tochter Wincenty Wodzińskis, eines wohlhabenden Großgrundbesitzers aus Kujawy. Es fehlte nicht viel, und Fryderyk hätte Maria geheiratet, doch das Schicksal hatte es leider anders bestimmt.

Die Bekanntschaft zwischen Fryderyk und Maria ging bis in die Kinderjahre zurück. Sie lernten sich kennen, als Marias ältere Brüder in der Pension der Familie Chopin in Warszawa wohnten. Sie logierten dort zwar nur kurz, ein knappes Jahr, doch die damals geknüpften herzlichen, innigen Beziehungen zwischen den Familien Wodziński und Chopin blieben bestehen.

Als nach dem Novemberaufstand in Polen ein Zeitraum allgemeiner Unsicherheit einsetzte, brachte Wincenty Wodziński seine Familie ins Ausland. Sein ältester Sohn, Antoni, ließ sich in Paris nieder, wo er Chopin traf und in den Kreis seiner nächsten Freunde aufgenommen wurde. Frau Teresa Wodzińska wohnte seit 1832 mit den jüngeren Kindern in Genf.

Die Bekanntschaft zwischen Fryderyk und Maria wurde 1835 erneuert, als er auf dem Rückweg von Karlsbad mit der Familie Wodziński in Dresden zusammentraf.

Zunächst stieß Chopin in Dresden unerwartet auf einen Bruder Marias, Feliks Wodziński. Er wurde natürlich unverzüglich von dessen Mutter eingeladen und konnte so die Bekanntschaft mit Maria auffrischen, die sogleich einen großen Eindruck auf ihn machte.

„Am Tag seiner Abreise, die mittags um zwölf stattfand, widmete er meiner Schwester den frisch für sie komponierten »Walzer f-Moll«, erinnerte sich Józefa Kościelska, „den er uns noch vorgespielt hatte, bevor er in die Diligence einstieg. In diesem Walzer, der leidenschaftlich und wehmutsvoll beginnt, ist der dritte Teil so geschrieben, daß die sich zwölfmal wiederholende Note Des für die erste Hand an die regelmäßigen Töne der zwölf schlagenden Uhr der Frauenkirche erinnert; der mittlere Teil mit einem rhythmischen Crescendo, das in Appasionatto übergeht, ahmt dagegen das unheilverkündende Geratter der vorfahrenden Kutsche nach."

Der Aufenthalt Antoni Wodzińskis, der seit Oktober 1835 in Paris weilte und der Chopins Obhut anvertraut wurde, bot eine ausgezeichnete Gelegenheit, die erneuerte Freundschaft zu pflegen und zu vertiefen. Beide Familien glaubten offensichtlich, daß Fryderyk Maria heiraten werde. Als sich Frau Teresa Wodzińska im Sommer 1836 mit ihren Töchtern nach Marienbad begab, fuhr auch Chopin zu einem längeren Aufenthalt dorthin.

Die offizielle Verlobung fand jedoch erst Mitte September 1836 in Dresden statt. Vorläufig wurde sie geheimgehalten. Obwohl Frau Wodzińska Chopin wohlgesinnt war, trug sie ähnlich wie ihr Mann ernsthafte Bedenken gegenüber seiner schwachen Gesundheit. Deswegen mahnte sie Fryderyk in jedem Brief, er solle auf sich aufpassen. Doch die Nachrichten, die sie von ihrem Sohn Antoni aus Paris erhielt, wiesen darauf hin, daß er dies nicht tat. Es wurde ihr auch zugetragen, daß Chopin zahlreiche Liebschaften und Flirts mit seinen aufdringlichen Verehrerinnen habe.

Nachdem die Familie Wodziński Ende 1836 nach Polen zurückgekehrt war, wurde der Briefwechsel zwischen Chopin und Maria und ihrer Mutter immer schwächer und kühler. Die Schuld daran schienen beide Seiten zu tragen. Man darf nämlich annehmen, daß Chopin in jener Zeit nicht mehr an die Ratschläge von Frau Teresa Wodzińska und an eine Heirat mit ihrer Tochter dachte. In sein Leben war eine andere Frau getreten, eine ungleich stärkere Persönlichkeit als Maria – George Sand.

Diesen Decknamen benutzte die damals in der ganzen kulturellen Welt berühmte französische Schriftstellerin Aurore Dudevant, geborene Dupin.

Die Herkunft von George Sand war ziemlich originell. Vom Vater hatte sie königliches Blut geerbt, denn sie war eine Ururenkelin Friedrich Augusts II., Kurfürst von Sachsen und König von Polen, und seiner Mätresse Aurora Königsmark. Mütterlicherseits entstammte sie dem Pariser Proletariat. Ihre Mutter war eine Pariser Midinette, Enkelin der Krämerin „mère Cloquart".

Chopin hat George Sand durch ihre Freundin, die Gräfin Sophie d'Agoult kennengelernt, die Herzensdame von Franz Liszt, ebenfalls eine Romancierin, die das Pseudonym Daniel Stern benutzte.

George Sand gewann die Sympathie Chopins nicht sofort. In einem offenen Brief an Franz Liszt beschrieb Ferdinand Hiller ihre Begegnung:

„Eines Abends hattest Du in Deinem Salon die ganze Aristokratie der französischen literarischen Welt versammelt – George Sand konnte natürlich auch nicht fehlen. Auf dem Heimweg sagte Chopin zu mir: »Was für eine unsympathische Frau ist doch diese Sand! Ist sie überhaupt eine Frau? Ich bin geneigt, daran zu zweifeln!«"

Chopin mußte jedoch einen großen Eindruck auf sie gemacht haben, denn bald nach ihrer ersten Begegnung schickte sie ihm ein Briefchen mit ihrem Monogramm G.S. und folgender Erklärung: „On vous adore, George." Dieses Billett bewahrte Chopin in seinem Tagebuch bis an sein Lebensende auf.

Zweifellos war es nicht Chopin, der sich ihr zu nähern versuchte, sondern sie selbst hat ihn erobert. Liszt, ein unmittelbarer Zeuge dieses Unterfangens, schrieb darüber folgendes:

„Chopin schien Angst vor dieser Frau zu haben, die andere so stark überragte... Er mied sie, zögerte das Treffen hinaus, Frau Sand hatte davon keine Ahnung und konnte in ihrer bezaubernden

Natürlichkeit, die einen ihrer edelsten Reize darstellt, jene Furcht des Sylphen nicht erraten. Sie selbst hat den ersten Schritt getan — ihr Anblick hat bald alle Vorurteile Chopins gegenüber schriftstellernden Frauen hinweggefegt."

In jener Zeit sehnte sich Chopin heiß nach irgend jemandem, der ihn mit liebevoller Sorge umgeben und wenigstens einen Ersatz der Atmosphäre schaffen würde, die in seinem Elternhaus geherrscht hatte. Frau Sand konnte ihm das alles geben, denn trotz männlicher Charakterzüge war sie sehr mütterlich. Für ihre Kinder, Maurice und Solange, war sie eine fürsorgliche und zärtliche Mutter, und für ihre Liebhaber, die meistens jünger waren als sie, eine nicht weniger zärtliche und treusorgende Beschützerin.

Ihr Verhältnis zu Chopin hatte ebenfalls diese Färbung. Auch er war sechs Jahre jünger als sie, auch er hatte eine schwache Gesundheit, sie konnte ihn also umsorgen.

Zu einer Annäherung zwischen Chopin und George Sand kam es wahrscheinlich im Sommer 1838, als er ihr kleines Landgut in Nohant besuchte. Dort verbrachte er übrigens fast alle Sommermonate bis 1847, also neun Jahre hindurch, und schrieb viele seiner Kompositionen.

Im Herbst 1838 unternahm Chopin mit George Sand und ihren Kindern eine gemeinsame Reise nach Mallorca. Die Reise war für Chopin nicht anstrengend, er fühlte sich wohl und begeisterte sich für die ihn umgebende Landschaft. Das waren jedoch nur die ersten Eindrücke. Frau Sand stieß auf tausende Schwierigkeiten, als sie eine Wohnung mieten wollte, denn die Bewohner von Mallorca waren Fremden gegenüber mißtrauisch. Schließlich gelang es ihr, in der schön gelegenen, mehrere Kilometer von Palma entfernten Einsiedelei — einer alten, verlassenen Kartause in Valldemosa — zwei Zellen zu mieten.

Im Winter verschlechterte sich Chopins Gesundheitszustand. Das fast tropikale Klima der malerischen Insel bekam lungenkranken Menschen schlecht. Trotzdem schuf

Chopin auf Mallorca solche Werke wie Opus 28, das 24 Präludien enthielt, „Ballade F-Dur" (die zweifellos von der ungewöhnlichen, romantischen Stimmung der Einsiedelei in Valldemosa inspiriert wurde) und „Scherzo cis-Moll".

Anfang Februar 1839 fühlte sich Chopin so schlecht, daß man an die Rückkehr denken mußte. Nach dem fast hunderttägigen Aufenthalt brachen sie am 11. Februar auf und fuhren über Barcelona nach Marseille. Dort hielten sie sich länger auf, um einen Arzt zu konsultieren und die Gesundheit des Kranken wiederherzustellen.

In Marseille wurde Chopin von dem dortigen berühmten Arzt Doktor Couvières behandelt. Die Betreuung Dr. Couvières, die Gesellschaft freundlicher, kulturvoller Menschen und vor allem die sorgsame Pflege von Frau Sand ließen den Kranken genesen. Chopin wußte ihre geradezu mütterliche Sorge voll zu schätzen.

Umsichtigkeit, Mut und Fürsorglichkeit George Sands erweckten im Herzen Chopins wahre Bewunderung und Dankbarkeit. Sein Gefühl für sie wurde immer stärker und erreichte wahrscheinlich damals seinen Höhepunkt.

Nach einem mehrwöchigen Aufenthalt in Marseille brachte Frau Sand den glücklich wiederhergestellten Chopin und ihre Kinder bei bester Gesundheit nach Paris.

Nach der Rückkehr von Mallorca stabilisierte sich das Zusammenleben Chopins und George Sands für längere Zeit. Das war wohl kein Zusammenleben zweier Liebesleute mehr, denn von einer Liebe in diesem Sinne konnte sicherlich schon während der Krankheit Chopins in Valldemosa keine Rede mehr sein; es war eher eine herzliche, enge Freundschaft, wie sie alte, aneinander gewöhnte Eheleute verbindet.

Seit dem Herbst 1839 wohnten sie nebeneinander in Paris, zuerst in der Rue Pigalle, dann am Square d'Orléans, sie hatten zwar getrennte Wohnungen, führten jedoch einen gemeinsamen Haushalt.

„Nach einiger Zeit zogen wir", erinnerte sich George Sand, „aus den Pavillons in der Rue Pigalle aus und ließen uns am Square d'Orléans nieder, wo uns die biedere und arbeitsame Marliani ein Familienleben einrichtete... Chopin war froh, einen eigenen Salon zu haben, in dem er träumen oder komponieren konnte. Er mochte aber Gesellschaft und benutzte seinen Unterschlupf nur dann, wenn er Musikstunden gab. Nur in Nohant schuf und komponierte er."

Frau Sand wußte ihm in ihrem kleinen Nohant eine günstige Atmosphäre dafür zu schaffen. Der hervorragende französische Maler Eugène Delacroix, der sie und Chopin oft dort besuchte und herzlich mit ihnen befreundet war, schrieb einem seiner Freunde im Juni 1842 folgendes:

„Diese Ortschaft ist zauberhaft, und es würde mir schwerfallen, angenehmere Gastgeber zu finden. Wenn wir uns weder bei Tisch noch zum Billard versammeln und auch nicht spazierengehen, weile ich in meinem Zimmer, wo ich lese oder auf der Couch faulenze. Manchmal dringen durch ein zum Garten hin geöffnetes Fenster die mit Nachtigallenschlag und Rosenduft vermischten Melodien der Musik Chopins zu mir herüber, denn dieser hört hier nicht auf zu arbeiten..."

Die Jahre mit George Sand waren zweifellos ein Zeitraum in Chopins Leben, den man glücklich nennen konnte. Trotzdem fehlte es nicht an Spannungen und Verdruß.

Biographen Chopins schätzten Frau Sand und ihren Einfluß auf das Schaffen Chopins sehr verschieden ein. Manche behaupteten, daß diese Bindung für Chopin verderblich war, daß George Sand nicht musikalisch war, daß sie nur wenig von Musik verstand und sich ihr Verhältnis deswegen nicht halten konnte. Eine solche Beurteilung ist durch und durch falsch.

Ein wesentliches Licht auf die Gestalt George Sands werfen die Briefe, die in einer von George Lubin in Paris bearbeiteten und seit 1969 sukzessiv veröffentlichten zehnbändigen Ausgabe ihrer Korrespondenz enthalten sind. Diesen Briefen kann man entnehmen, daß das Leben Chopins gerade durch die vernünftige und äußerst fürsorgliche Pflege dieser Frau um etliche Jahre verlän-

42

gert wurde. Und es handelte sich dabei um keine aufdringliche, unerträgliche Gängelei, sondern um von bewundernswerter Zärtlichkeit und Rücksichtnahme gekennzeichnete Bemühungen.

Doch es waren nicht nur ihre mütterliche Sorge und Wärme, die Chopin für so viele Jahre an George Sand gebunden hatten. Er fand bei ihr etwas, das für ihn als Künstler viel wesentlicher war — Verständnis für sein Schaffen.

Aus den Untersuchungen zu ihrem Leben und Werk, die in den letzten Jahren anläßlich des 1976 begangenen 100. Todestages der Schriftstellerin sowohl in Frankreich als auch in Polen aufgenommen worden waren, geht hervor, daß ihre musikalische Ausbildung keineswegs oberflächlich war.

Aurore Dupin, die spätere Gemahlin von Baron Casimir Dudevant, die ihre Werke unter dem Schrifstellernamen George Sand veröffentlichte, erhielt sehr früh Musikunterricht, nämlich bereits im Alter von sieben Jahren. Die erste Musiklehrerin des sensiblen und ein ausgezeichnetes musikalisches Gehör besitzenden Mädchens war ihre aristokratische Großmutter, Marie Aurore de Saxe Dupin Francueil, die Mutter ihres Vaters Maurice, eine äußerst musikalische und begabte Person. Ihr Sohn Maurice, Offizier der französischen Armee, früh gestorben nach einem Sturz vom Pferd, hatte von ihr die musikalische Begabung geerbt und sie wiederum an die kleine Aurore weitergegeben. Zwischen dem 7. und 10. Lebensjahr wohnte das Mädchen bei seiner Großmutter in Nohant, und dank ihrem Unterricht machte es große Fortschritte im Solfeggieren und Klavierspiel. Im Alter von zehn Jahren konnte es bereits ausgezeichnet Noten lesen und sang zusammen mit ihrer Großmutter Duette italienischer Komponisten aus dem 18. Jahrhundert.

Später nahm Aurore Musikunterricht in einer Klosterschule, in die sie ihre Großmutter geschickt hatte. Nach Nohant zurückgekehrt, wurde sie von Hauslehrern weiterunterrichtet.

43

Als sie knapp siebzehn Jahre alt war, galt sie unter Familienangehörigen und Freunden als sehr begabtes musikalisches Mädchen. Eine Nachbarin aus Nohant und Freundin ihrer Großmutter, Vicomtesse de Montlevic, charakterisierte sie in einem Brief an Baron Rothier de Laborde wie folgt:

„Aurore hat Verstand, eine solide Ausbildung, ist Musikerin, spielt Harfe und Klavier, zeichnet und tanzt gut..."

Nachdem sie den Baron Casimir Dudevant geheiratet und diese Ehe sich als großer Irrtum erwiesen hatte, verbrachte sie einsame Abende im elterlichen Nohant, wobei das Musizieren ihr einziger Trost war.

Im Einvernehmen mit ihrem Mann, mit dem sie nichts mehr verband, begann sie etwas später ihre Zeit zwischen Nohant und Paris zu teilen und knüpfte immer engere Beziehungen zu literarischen und journalistischen Kreisen der französischen Hauptstadt, wo man der Musik allseitig lebhaftes Interesse entgegenbrachte.

Durch die Kontakte mit der Musikwelt von Paris, in die sie Franz Liszt einführte, wurde ihr Interesse für Musik viel reger und tiefer, und ihr Wissen viel gründlicher. Die Pariser Musikerkreise standen seitdem ihrem Herzen und ihrer Seele am nächsten.

Man darf sich also nicht wundern, daß eine Frau von so starkem musikalischem Interesse wie sie den genialen Chopin, dessen Stern am Pariser Himmel im höchsten Glanz erstrahlte, kennenlernen und sich ihm nähern wollte und schließlich auch ihr Ziel erreichte.

Die neuesten Untersuchungen des Nachlasses von George Sand, die von Krystyna Kobylańska in Zusammenhang mit der vom Verlag Państwowy Instytut Wydawniczy in Warszawa vorbereiteten Ausgabe der Korrespondenz Fryderyk Chopins mit George Sand und ihren Kindern aufgegriffen wurden, liefern neue schlagende Beweise dafür, daß George Sand nicht nur musikalisch war, sondern auch umfangreiches Wissen über Klaviermusik und deren Technik besaß.

Als man in den Archiven der Erben George Sands Musikalben untersuchte, in denen sie seit frühester Jugend Kompositionen aufzeichnete, die ihr größtes Interesse erweckt hatten, stellte es sich heraus, daß die bisher nicht identifizierten Kopien Chopinscher Werke von George Sand zur Zeit der Entstehung dieser Kompositionen angefertigt wurden. Es ist allgemein bekannt, wie verworren, kompliziert und unleserlich die Handschriften Chopins gewöhnlich sind. Wer sie kopieren wollte, mußte also nicht geringe Fachkenntnisse in technischen Fragen der Musik besitzen.

Von 1838 bis 1847, also innerhalb von fast neun Jahren, da Chopin jeden Sommer (ausgenommen 1840) in Nohant verbrachte, entstanden seine reifsten und hervorragendsten Werke wie z.B. „Ballade f-Moll", mehrere Mazurkas und Nocturnes, „Sonate h-Moll", „Scherzo E-Dur" und viele andere.

Es scheint also, daß die Entstehung dieser Werke in gewissem Sinne auch George Sands Verdienst war, die dem großen polnischen Komponisten eine Atmosphäre zu schaffen vermochte, in der er arbeiten konnte.

Während sich Chopin in Nohant hauptsächlich seinem Schaffen widmete, beschäftigte er sich in Paris vor allem mit der pädagogischen Arbeit, die seine wichtigste Unterhaltsquelle bildete. Er konzertierte nämlich nur wenig, und das ausschließlich in einem erlesenen, engen Kreis. Öffentliche Konzerte gab er nur einmal im Jahr. Ihre Erfolge sowohl beim Publikum als auch bei den Kritikern waren einfach unbeschreiblich.

Nach einem Konzert Chopins, das am 21. Februar in Paris stattgefunden hatte, schrieb Hector Berlioz in der Zeitschrift „Journal des Débats":

„Chopin hält sich stets abseits: Man sieht ihn weder im Theater noch bei Konzerten. Man könnte fast sagen, daß er vor Musik und Musikern Angst habe. Einmal im Jahr steigt er auf die Erde hinunter und läßt sich in den Salons von Pleyel hören, und nur dann können das Publikum und die Künstler sein großartiges Talent bewundern... Sein kapriziöses, reizvolles Spiel zeichnet sich durch höchste

Subtilität und Originalität aus, und seine neuen Werke stehen den früheren an Kühnheit, Harmonie und Zauber der Melodie nicht nach."

Der Bericht der Zeitschrift „La Presse" vom selben Konzert lautete:

„Der Erfolg des Konzerts von Chopin war so, wie wir es vorausgesehen hatten: großartig und entzückend. Dem göttlichen Klang und Gedanken, der herrlichen Grazie spendeten vierhundert Zuhörer solchen Beifall wie den brillantesten Kompositionen. In seinen flüchtigen, ätherischen Formen steckt eine gewaltige Originalität. Liebe, Melancholie, Schmerz — all das schlägt sich in diesen kleinen Meisterwerken nieder, und in den reizvollen, zärtlichen Melodien klingen Kämpfe, drohende Ritterzüge, ferne Erinnerungen an das heldenhafte Vaterland, das schmerzliche Schluchzen Warszawas nach. In Chopin haben wir zwei Personen — den Patrioten und den Künstler — und die Seele des ersteren belebt das Genie des letzteren."

Die Jahre 1839—1848 waren im Leben Chopins ein Zeitraum, in dem er die Höhe seines Ruhms erreichte. Fast jedes seiner Werke, jeder öffentliche Auftritt rief breite Anerkennung und Begeisterung hervor. Er hob sich von den anderen damals in Paris und in ganz Europa tätigen Komponisten und Virtuosen ab, an deren Spitze Liszt, Thalberg, Kalkbrenner, Herz, Doehler und viele andere standen. Er war eine so große Persönlichkeit, daß ihn niemand überschatten oder in den Hintergrund drängen konnte.

Die Leute rissen sich um Eintrittskarten für alle öffentlichen Konzerte Chopins. Ausverkauft wurden sie gewöhnlich eine Woche früher. Jeder, der die Musik liebte und von dem genialen polnischen Musiker gehört hatte, wollte ihn wenigstens einmal im Leben spielen hören. Doch die Eindrücke aus dem Konzertsaal konnten sich nicht mit denen messen, die sein Spiel in einem privaten Salon, in der Atmosphäre eines intimen Beisammenseins ihm nahestehender Personen hervorrief. Chopin war sich darüber im klaren, daß dem Charakter seines Talents vor allem solche Auftritte entsprachen, und deshalb zog er sie den Konzerten für ein breites Publikum vor.

Chopin selbst war sehr empfindsam gegenüber dem Eindruck, den sein Spiel auf die Zuhörer machte.

„Nur ein kleiner Kreis auserwählter Personen, für die das Hören seines Spiels ein wesentliches Bedürfnis war, konnte ihn dazu überreden, daß er sich an den Flügel setzte", erinnerte sich der französische Komponist Hector Berlioz, der eng mit ihm befreundet war. „Welche Rührung vermochte er dann zu wecken! In welch leidenschaftlichen und melancholischen Träumen konnte er seine Seele ausdrücken!"

Berlioz berichtete auch, daß Chopin, wenn er sich in einer Gesellschaft befand, die ihm nicht zusagte, auf keine Weise zu bewegen war, auf dem Klavier etwas vorzuspielen. Berlioz erinnerte sich an einen solchen Abend:

„Als der Gastgeber ihn stärker drängte und schließlich einen fast beleidigenden Ton anschlug, um ihm deutlich zu machen, daß das Abendessen ja irgendwie bezahlt werden müsse, beendete der Meister den Dialog, indem er mit schwacher, durch Husten unterbrochener Stimme sagte: »Ach, mein Herr..., ich habe doch... so wenig gegessen...«"

Man kann sich vorstellen, was die Musik Chopins seinen nach dem Aufstand von 1830 in die Fremde verschlagenen Landsleuten, den polnischen Emigranten, bedeutete. Aleksander Jełowicki, ein bekannter Exilpole, Mitbegründer einer polnischen Druckerei und Buchhandlung, später Mitglied des 1842 in Paris gegründeten polnischen Resurrektionsordens, schrieb in seinem Tagebuch:

„Chopin schwang sich höher auf als alle anderen, er hat sich gesagt, ich werde ein Dichter und Musiker sein, und so ist es geschehen, und niemand kann erraten, ob bei ihm die Musik in der Poesie oder die Poesie in der Musik überwiegt. Bei all dem hat er wie jeder gute Pole so viel Nationalgefühl, daß er, wenn er sich ans Klavizimbel setzt, den Gedanken eines polnischen Zuhörers nach Polen leitet, ihn durch ganz Polen führt und schließlich ins Herz Polens, nach Hause, bringt."

Der in Petersburg ansässige deutsche Pianist Wilhelm Lenz, der zwei Jahre jünger war als Chopin, sprach so von der Chopinschen Musik:

„Die Compositionen Chopins eröffnen dem Pianoforte eine neue Aera... Sie sind oft **gross** in **kleinen** Rahmen, sie sind nicht **kosmisch**, sie sind elegisch, lyrisch, auf dem Standpunkt der Nationalität ihres Schöpfers, sie sind aber ideal, sie sind unvergänglich in der Geschichte des musikalischen Geistes... Ueberblicken wir sämmtliche Compositionen von Chopin, so kommen wir zu dem Ausruf: **So viel** in so Wenigem! in kaum 64 authentischen Opus-Zahlen, von denen Anfangsstufen in Abzug zu bringen! — Und doch so **viel** auf dem Gebiete des Geistes!... Er ist ein Raphael des Klaviers!"

Franz Liszt, der Chopin bekanntlich sehr nahestand, veröffentlichte zwei Jahre nach dessen Tode in der Pariser Zeitschrift „La France Musicale" eine Studie über ihn, die später in Buchform erschien und dreimal ins Polnische übersetzt wurde. In dieser Studie hob Liszt genauso inbrünstig wie Lenz die neuen Werte in der Musik Chopins hervor:

„Man kann keine eingehende Analyse der Werke Chopins durchführen, ohne darin eine erstrangige Schönheit, eine völlig neue Expression und eine genauso originelle wie kluge Harmonie zu finden. In seinen Werken ist die Kühnheit immer begründet: selbst Reichhaltigkeit und Überschwenglichkeit verwischen die Klarheit nicht, die Originalität geht in keine barocke Bizarrerie über..., und die auserlesene Ornamentik bricht die vornehmen Leitmotive nicht. Seine besten Arbeiten sind reich an Kombinationen, die sozusagen eine neue Epoche im Musikstil eröffnen."

An dieser Stelle sei auch eine Äußerung des zweitgrößten polnischen Komponisten nach Chopin, des Schöpfers zeitgenössischer polnischer Musik, Karol Szymanowski, angeführt:

„Dank einer unverwüstlichen **schöpferischen** Kraft sowie einem erstaunlichen Objektivismus gegenüber der Kunst konnte er in seiner Musik positive Werte schaffen, deren absolute Neuartigkeit seiner Zeit weit voraus war, dabei waren das so beständige und unveränderliche Werte, daß die an Ereignissen und verschiedensten Experimenten reiche Musikgeschichte des 19. und des beginnenden 20. Jahrhunderts, die über sie hinweggerollt war, ihren Glanz nicht trüben konnte... Er war einer der größten Revolutionäre in der Musik, der ihren formalen und geistigen Traditionalismus brach und ihr den Weg zur Freiheit bahnte."

Mikołaj Chopin, der Vater Fryderyk Chopins. Porträt von Ambroży Miroszewski, 1829

Justyna Chopin, geb. Krzyżanowska, die Mutter Fryderyk Chopins. Porträt von Ambroży Miroszewski, 1829

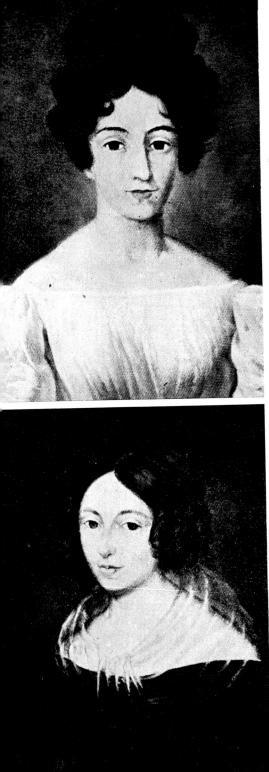

Izabela Chopin, eine Schwester Chopins. Porträt von Ambroży Miroszewski, 1829

Ludwika Chopin, eine Schwester Chopins. Porträt von Ambroży Miroszewski, 1829

Emilia Chopin, eine Schwester Chopins. Miniatur eines unbekannten Malers, um 1825

Żelazowa Wola. Geburtshaus Fryderyk Chopins

Im Hause Chopins in Żelazowa Wola. Hier finden Chopin-Konzerte polnischer und ausländischer Pianisten statt.

Fryderyk Chopin. Bleistiftzeichnung von Eliza Radziwiłł, 1826

Fryderyk Chopin. Lithographie nach einer Zeichnung von P. R. Vigneron, 1833, mit dem Autogramm des Komponisten

Kazimierzowski-Palast, das ehemalige Warschauer Lyzeum, das Fryderyk Chopin besucht
hat. Lithographie Lasalles nach einer Zeichnung
von J. F. Piwarski

Konstancja Gładkowska, die erste Liebe Fryderyk Chopins

Fryderyk Chopin. Aquarell von Maria Wodzińska, ausgeführt 1836 in Marienbad

Delfina Potocka, der Fryderyk Chopin sein „Concerto en fa mineur" gewidmet hat. Miniatur von Anna Chamiec, ausgeführt 1969 nach der Miniatur eines unbekannten Malers aus der 1. Hälfte des 19. Jh.

Maria Wodzińska. Porträt von Stanisław Marszałkiewicz, 1840

George Sand. Zeichnung von Julien Boilly, 1835

Landhaus in Nohant. Bleistiftzeichnung von George Sand, 1838

Fryderyk Chopin. Zeichnung von George Sand, 1841

Franz Liszt. Lithographie nach einer Zeichnung von J. Kriehuber, 1838

Robert Schumann. Lithographie nach einer Zeichnung von J. Kriehuber, 1839

Fryderyk Chopin. Radierung eines unbekannten Künstlers aus dem 19. Jh., ausgeführt nach einem Porträt von Eugène Delacroix aus dem Jahre 1838

Manuskript der „Polonaise Phanta-
stique", op. 61, von Fryderyk Chopin

Fryderyk Chopin. Photographie von L. A.
Bisson, 1849

Die letzte Wohnung Fryderyk Chopins am Place Vendôme 12. Aquarell von T. Kwiatkowski, 1849

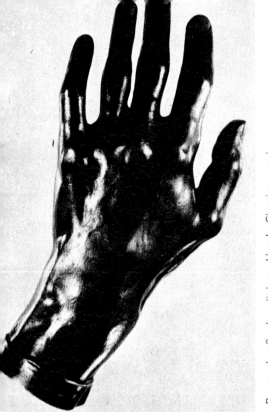

Bronzeabguß der linken Hand Chopins nach einer Negativform, ausgeführt am 17. November 1849 von Auguste Clésinger

Totenmaske Fryderyk Chopins, angefertigt von Auguste Clésinger

Skulptur auf dem Grab Fryderyk Chopins auf dem Friedhof Père-Lachaise, ausgeführt von Auguste Clésinger

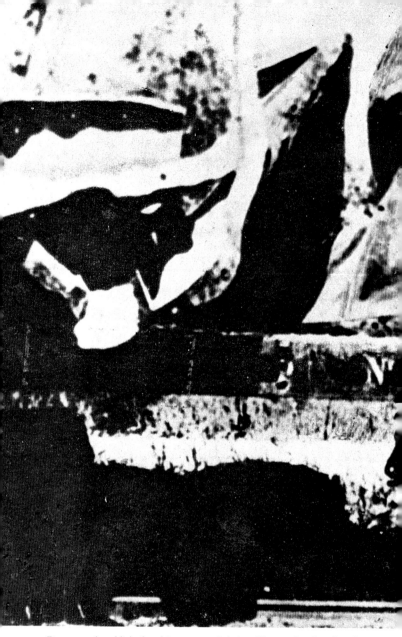
Das von den Hitlerfaschisten zerstückelte Chopin-Denkmal auf einem Waggon mit Schrott

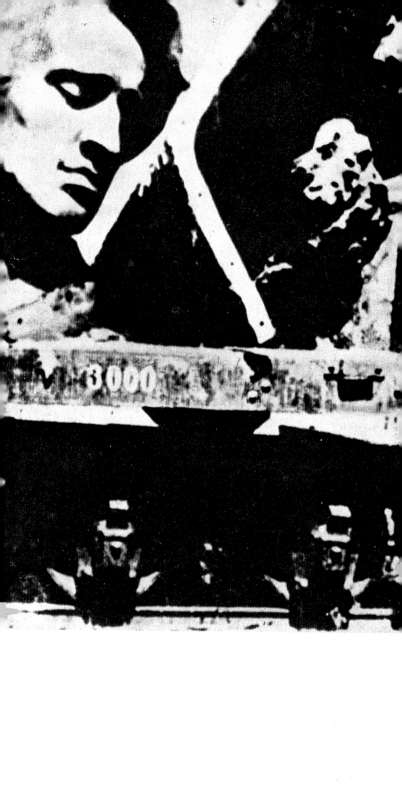

Bei einem Chopin-Konzert im Warschauer Łazienki-Park am Fryderyk-Chopin-Denkmal des Bildhauers Wacław Szymanowski

Barockes Ostrogski-Palais in Warszawa, gegenwärtig
Sitz der Fryderyk-Chopin-Gesellschaft

Berühmtes Plakat Tadeusz Trepkowskis zum V. Internationalen Fryderyk-Chopin-Wettbewerb

Gedenktafel an einem Pfeiler des Mittelschiffs in der Hl.-Kreuz-Kirche in Warszawa, wo das Herz Fryderyk Chopins beigesetzt ist

Fryderyk-Chopin-Denkmal in Rio de Janeiro

Wie wir wissen, nahm die pädagogische Arbeit viel Raum in Chopins Leben ein. Eben sie war seine wichtigste Unterhaltsquelle. Für seinen Unterricht verlangte Chopin eine in jenen Zeiten sehr hohe Bezahlung — 20 Franc pro Stunde. Auf diese Weise verdiente er im Durchschnitt rund 3000 Franc monatlich, während ein anständiger Unterhalt in Paris nicht mehr als 1500 Franc kostete. Er war also einer der bestsituierten polnischen Emigranten, abgesehen natürlich von der Aristokratie. Er verdankte es jedoch seiner äußerst anstrengenden Arbeit, dem ermüdenden Musikunterricht, manchmal acht Stunden täglich, und selbstverständlich auch der Tatsache, daß er in snobistischen Kreisen verkehrte, in denen er gut zahlende Schülerinnen und Schüler finden konnte. Doch in seinem Verhalten gab es keine Spur von Unterwürfigkeit, er bewarb sich um niemandes Gunst und lebte nicht auf Kosten anderer. Er erkannte den Scheinglanz und die Seichtheit der Salongesellschaft und benahm sich so, daß es niemand wagte, ihn geringschätzig zu behandeln. Das Bewußtsein, ein Künstler ersten Ranges zu sein, ließ ihn den Kopf hoch tragen und sich vor niemandem demütig verbeugen.

Trotz der hohen Einkünfte war Chopin nie ein wohlhabender Mann. Er mochte Luxus, Eleganz, teure Anzüge, Komfort, gab also sehr viel aus. Sein Geld stand auch immer seinen hilfsbedürftigen Landsleuten zur Verfügung.

Von seinen Schülern wurde er abgöttisch verehrt. Viele von ihnen überlieferten ihre Erinnerungen an jene wertvollen Stunden, die sie mit ihrem Meister verbracht hatten. Das Bild Chopins, das sich daraus ergibt, ist recht differenziert, doch stets von größter Zuneigung und Verehrung gekennzeichnet.

„Chopin gab seinen Schülern wertvolle Anleitungen und Hinweise zu allgemeinen Prinzipien der Deklamation und Interpretation von Musikwerken", erinnerte sich Karol Mikuli, „und ihre Wirkung war um so größer, da der Meister während des Unterrichts nicht nur einzelne Passagen, sondern ganze Werke wiederholte. Er spielte dann so konzentriert und beseelt, wie es in Konzertsälen nur selten der Fall war."

Camile Dubois, geborene O'Méara, eine der besten Schülerinnen Chopins, berichtete:

„Neben dem Flügel, auf dem seine Schüler übten, stand ein Piano. Es war eine Wonne, zuzuhören, wie er uns darauf begleitete, gleichgültig, was gespielt wurde, ob ein Konzert von Hummel oder Beethoven. Die Partie des Orchesters spielte er einfach wunderbar. Als ich seine Konzerte ausführte, begleitete er mich stets auf diese Weise."

Und so verlief das Leben Chopins ohne größere Erschütterungen bis 1847 — winters in Paris, sommers in Nohant. Die Tage in Paris waren mit anstrengender pädagogischer Tätigkeit und einem nicht weniger anstrengenden, immer sehr regen geselligen Leben ausgefüllt; die Tage in Nohant — das war intensive schöpferische Arbeit, stets unter dem wachsamen Auge der mütterlichen Frau Sand, die sich um seine Gesundheit sorgte.

Nur das Jahr 1844 brachte Chopin neuen Schmerz und Leiden — in Warszawa war sein Vater gestorben. Jenes Jahr hat ihm aber auch Freude beschert, denn seine Schwester Ludwika Jędrzejewicz war zu ihm nach Paris gekommen, um ihm in der für sie beide schweren Zeit beizustehen. Ludwika und Frau Sand haben sich damals herzlich angefreundet.

Obwohl Chopin sowohl in Nohant als auch in Paris in George Sands Privatleben einbezogen war, mischte er sich nie in ihre familiären Angelegenheiten ein und griff nur selten in ihre Beziehungen zu den Kindern ein. Er kannte Maurice und Solange seit ihrer Kindheit und hing sehr an beiden. Als die Kinder von George Sand heranwuchsen und in ihrem Leben verschiedene Probleme aufzutauchen begannen, wurde das — übrigens sehr diskrete — Interesse Chopins für sie immer größer.

Seit April 1847 widmete er in seinen Briefen an die Familie Frau Sand, ihren familiären Angelegenheiten und den Heiratsplänen von Maurice und Solange immer mehr Platz. Die Heirat von Solange lag ihm besonders

am Herzen, und sein Standpunkt in dieser Frage wurde
später zu einer der Hauptursachen seiner Trennung
von Frau Sand.

Chopin hatte Solange sehr gern, und sie erwiderte
dieses Gefühl. In Nohant pflegte sie lange Stunden in
seinem Zimmer zu sitzen, ging mit ihm spazieren und
war überhaupt sehr mit ihm befreundet. Manche Biographen Chopins erblicken in dieser Beziehung eine
erotische Färbung, es scheint jedoch, daß diese Freundschaft gegenseitiger Faszination entsprungen war. Solange war von der Persönlichkeit und dem Talent Chopins fasziniert, und sie selbst bezauberte ihn durch die
Frische ihrer Gefühle, ihr für junge Herzen so charak-
teristisches spontanes Reagieren auf die Umwelt und
bestimmt auch durch ihre Schönheit.

Ferdynand Hoesick zitiert in seinem Buch „Słowacki
und Chopin" sein Gespräch mit Samuel Rocheblave,
der Solange persönlich gekannt und sogar ein Buch
unter dem Titel „George Sand und ihre Tochter" geschrieben hat.

Aus diesem Gespräch könnte man schließen, daß
George Sand der Meinung war, Chopin hätte sich in
ihre Tocher verliebt und beabsichtige, sie zu heiraten,
was sie um jeden Preis verhindern wollte. Eben das
sollte ihre Trennung von Chopin beschleunigt haben.

Diese Vermutung ist unrichtig. In der Korrespondenz
zwischen Chopin und Solange finden sich weder Worte
noch Stimmungen, die mehr ausdrücken würden als nur
die Freundschaft der beiden. Aus den Briefen Chopins
geht außerdem hervor, daß Chopin sich eifrig für die
Heirat von Solange mit dem benachbarten Gutsbesitzer
Ferdinand de Préaulx einsetzte. Er hätte das wohl nicht
getan, wenn er ihr gegenüber selbst ähnliche Ab-
sichten gehegt hätte.

In jener Zeit tauchte der junge Bildhauer Auguste
Clésinger in Nohant auf, der nicht nur auf Chopin,
sondern auch auf viele Personen aus der Umgebung
von Frau Sand den schlimmsten Eindruck machte. Cho-

pin warnte Frau Sand vor der Gefahr, Solange könnte sich in den athletischen, brutalen und äußerst draufgängerischen ehmaligen Kürassierunteroffizier verlieben. Es kam auch zu Streitigkeiten zwischen Chopin und Maurice.

„Der steten Stichelei müde, sagte Maurice schließlich eines Tages, daß er fortgehen werde", erinnerte sich George Sand. „Das durfte und sollte nicht geschehen. Chopin ertrug meine begründete und notwendige Intervention jedoch nicht. Er senkte den Kopf und erklärte, daß ich ihn nicht mehr liebe.

Was für eine Schmach nach acht Jahren mütterlicher Aufopferung! Doch das arme schmerzende Herz war sich seines Wahnsinns nicht bewußt."

Nachdem Chopin Nohant verlassen hatte, gab sich George Sand der Hoffnung hin, daß ein paar Monate der Trennung seine Verbitterung beschwichtigen und alles wieder zum Guten wenden würden. Das geschah aber nicht, denn die späteren Ereignisse, die Chopin übrigens vorausgesehen hatte, machten ihr weiteres Zusammenleben unmöglich.

Zur geplanten Heirat von Solange und Ferdinand de Préaulx ist es tatsächlich nicht gekommen, weil Clésinger das in ihn gesetzte Vertrauen mißbraucht hatte und Frau Sand ihm Ende Mai 1847 ihre Tochter zur Frau geben mußte. Chopin dagegen wurde Anfang Mai sehr krank und hütete zwei Wochen lang in Paris das Bett, ohne seine alte Freundin auch nur davon zu benachrichtigen.

Indessen hörte die Begeisterung George Sands für ihren Schwiegersohn auf, und ihren Platz nahm Haß ein, dessen Ursache wiederum Maurice war. Clésinger und der Sohn von Frau Sand hatten sich nie gemocht. Nach der Heirat von Solange nahm diese Abneigung noch zu, und da sie beide primitiv und hitzköpfig waren, kam es schließlich zu einem ordinären Streit zwischen ihnen, in den sich auch Frau Sand einschaltete. Dem Schwiegersohn und ihrer Tochter, die für ihren Mann Partei ergiffen hatte, kündigte sie das Haus und verlangte von Chopin, daß auch er die Beziehungen zu ihnen abbräche. Er tat es nicht, obwohl er wußte, daß die Frau, die ihm bisher so nahegestanden hatte, ihm das nie verzeihen würde.

Chopin benachrichtigte George Sand brieflich von seinem Entschluß. Später haben sie einander noch einmal geschrieben, und das war der letzte Briefwechsel zwischen ihnen. Der gegenseitige Groll wurde immer größer und hinterließ einen bitteren Niederschlag in beider Herzen. Doch im Innersten empfanden beide noch etwas füreinander, und ihre Erinnerungen konnten auch nicht erlöschen. Beide litten unsäglich.

Als sie aber im März 1848 einander zufällig begegneten, und George Sand den ersten Schritt in Chopins Richtung machte, wurde sie von Chopin mit kühler Höflichkeit zurückgewiesen. In wenigen Worten teilte er ihr mit, daß Solange gerade eine Tochter geboren hatte. Das war ihre letzte Begegnung.

Der sich nach dem schweren Krankheitsanfall im Frühjahr 1847 stets verschlechternde Gesundheitszustand Chopins und die immer tiefere Depression nach der Trennung von George Sand wirkten sich ungünstig auf sein Schaffen und sogar auf seine pädagogische Arbeit aus. Er komponierte fast nichts mehr, seine letzten Werke waren im Herbst 1847 erschienen, und er konnte auch fast keine Musikstunden mehr geben, weil er zu schwach war.

Einer seiner Schüler, Georges Mathias, schrieb:

„Chopin bot in jener Zeit einen schmerzlichen Anblick. Gebückt, mit nach vorne geschobenem Kopf, bot er ein Bild der Auszehrung."

Die Einkünfte Chopins sanken katastrophal, während seine Ausgaben, die er nie einteilen konnte, ebenso groß wie früher oder gar größer waren, da er auch für die Behandlung zahlen mußte. Unter diesen Umständen halfen ihm seine Freunde, am 16. Februar 1848 in Paris – wie immer im Pleyelsaal – ein Konzert zu organisieren.

Über dieses Konzert schrieb er an seine Familie folgendes:

„Seit einer Woche gibt es keine Eintrittskarten mehr, alle übrigens für 20 Franc. Das Publikum trägt sich für ein zweites ein (woran ich überhaupt nicht denke)."

Über das Programm zu diesem Konzert schrieb ein Rezensent der „Revue et Gazette Musicale de Paris":

„Das Trio Mozarts wurde von Chopin, Alard und Franchomme so ausgeführt, daß man nicht hoffen kann, ein anderer könnte es derart ausführen. Danach spielte Chopin seine Etüden, Präludien, Mazurkas und Walzer und schließlich, zusammen mit Franchomme, seine schöne Sonate. Fragen Sie uns bitte nicht, wie all diese kleineren und größeren Werke wiedergegeben wurden... Wir können nur sagen, daß der Zauber die ganze Zeit wirkte und seine Kraft sogar dann behielt, als das Konzert zu Ende war...

Man sagt, daß Chopin die Absicht hat, am 10. März noch ein Konzert zu geben, in die Liste haben sich bereits über 600 Personen eingetragen."

Leider fand dieses Konzert nicht statt. Am 20. Februar 1848 brach in Paris eine Revolution aus, die das bisherige Leben der französischen Hauptstadt total erschütterte. Das Konzert vom 16. Februar 1848 war also der letzte Auftritt Chopins in Paris.

Im April desselben Jahres fuhr er nach England und Schottland, wo er bis Dezember weilte. Zu dieser Reise bewog ihn vor allem seine materielle Lage, aber vielleicht auch die heiße Revolutionsstimmung, die auf den kranken Künstler sehr aufregend wirkte und ihm lästig war.

Auf diese Reise drängte besonders eine seiner Schülerinnen — die vornehme, schöne, wenn auch nicht mehr ganz junge schottische Aristokratin Jane W. Stirling sowie ihre Schwester Lady Erskine. In ihrer Verehrung und Freundschaft für Chopin glaubten sie, daß er sich während des Aufenthalts in England und Schottland nicht nur erholen, sondern durch viele Musikstunden und Konzerte auch seinen leeren Geldbeutel füllen würde. Sie vermuteten freilich nicht, daß sie auf diese Weise ungewollt einen früheren Tod des Künstlers herbeiführen würden.

Durch die Reise nach England hat Chopin eigentlich seinen Tod beschleunigt. Das feuchte und kühle Klima der Insel war für den Schwindsüchtigen tödlich. Der Aufenthalt in England verschlechterte seinen Gesundheitszustand und bewirkte auch keine Besserung seiner finanziellen Lage. Trotz der Obhut der Familien Stirling und Erskine fiel es dem Ankömmling schwer, sich in verhältnismäßig kurzer Zeit anständige Existenzbedingungen an der Themse zu schaffen, zumal der Lebensstil, an den Chopin gewöhnt war, sich dort als kostpieliger erwies als in Frankreich.

Der Künstler fühlte sich immer schlechter und verfiel in immer tiefere Depression. Seine Briefe aus London an seine Freunde und seine Familie sind grenzenlos traurig und zeugen von allgemeinem Lebensüberdruß, obwohl er sich überall, wo er öffentlich oder privat in England spielte, enormen Zuspruchs erfreute.

Er ließ sich von Jane Stirling überreden und fuhr nach Schottland. Er gab Konzerte in Edinburgh, besuchte ihre unzähligen Verwandten und spielte in ihren herrlichen, aber düsteren Schlössern; diese Besuche sowie die sorgsame Obhut, mit der Fräulein Stirling und ihre gesamte Familie den kranken Künstler umgaben, riefen verschiedene Vermutungen hervor. Es ging sogar das Gerücht um, daß Chopin Fräulein Stirling zu heiraten beabsichtige. Diesem Gerücht schenkte auch Wojciech Grzymała — ein Freund Chopins — Glauben und fragte in einem Brief direkt danach.

Der Brief, den er daraufhin bekam, zeugte nicht nur davon, daß solche Vermutungen jeder Grundlage entbehrten, sondern auch davon, daß sich Chopin in einem höchst beunruhigenden seelischen Zustand befand.

„Nach dem 16. November, wenn es bei Euch besser sein wird oder wenn mich der Londoner Nebel in die Flucht schlägt, werde ich nach Paris zurückkehren, vorausgesetzt, daß es dann noch nicht zu spät ist für eine Reise", schrieb er aus Edinburgh.

„Meine Schottinnen... Gott bewahre! Die sind so langweilig... Jeden Tag bekomme ich Briefe, lasse alle unbeantwortet, und wohin auch immer ich fahre, ziehen sie mir nach, wenn sie nur können. Vielleicht hat dies irgend jemanden auf den Gedanken gebracht, daß ich heiraten werde...

Nicht an eine Frau denke ich, sondern an mein Zuhause, an meine Mutter und meine Schwestern. Gott lasse sie guten Mutes sein! Was ist aber inzwischen mit meiner Kunst geschehen? Und wo ist mein Herz verkümmert?... Nur mit Mühe kann ich mich daran erinnern, wie man in der Heimat singt. Irgendwie geht diese Welt an mir vorbei, ich vergesse immer mehr, habe keine Kraft; wenn ich mich ein wenig emporschwinge, falle ich um so tiefer.

Ich beklage mich nicht Dir gegenüber, Du hast aber danach verlangt, also erkläre ich dir, daß ich dem Sarg näher bin als dem Ehebett. Mein Geist ist ziemlich ruhig."

Das ist der tragischste Brief in der Korrespondenz Chopins. Außer den im September 1831 in Stuttgart gemachten Notizen war das der einzige Fall, da er seine verborgensten, so männlich verschämt verheimlichten Gefühle bloßlegte.

„Was ist aber inzwischen mit meiner Kunst geschehen? Und wo ist mein Herz verkümmert?... Nur mit Mühe kann ich mich daran erinnern, wie man in der Heimat singt." In diesen drei Sätzen ist die erschütterndste Tragödie des Künstlers, des Menschen und des Polen enthalten.

Nach London kehrte Chopin am 1. November 1848 zurück. Da er dort aber keine sichere Unterhaltsquelle finden konnte und sich darüber hinaus immer schlechter fühlte, begann er an die Rückkehr nach Paris zu denken.

Als er dort Ende November 1848 ankam, ging es ihm gesundheitlich etwas besser, doch schon in der zweiten Januarhälfte 1849 war er so krank, daß er nicht einmal mehr an seine Freunde schreiben konnte.

Pauline Viardot setzte George Sand damals über den Gesundheitszustand Chopins in Kenntnis:

„Sie baten mich um Nachrichten über Chopin. Da sind sie. Sein Gesundheitszustand verschlechtert sich nach und nach. Es gibt Tage, da er mit der Kutsche ausfahren kann, aber auch solche, da er Blut spuckt und erstickende Hustenanfälle hat. Abends geht er nicht mehr aus. Doch er kann noch ein wenig Unterricht geben, und an guten Tagen kann er sogar fröhlich sein."

Um bessere Luft zu atmen, zog er im Sommer nach Chaillot, in das Pariser Randgebiet, wo er inmitten von Gärten wohnte. Obwohl er sich besser fühlte, war er nicht imstande zu arbeiten.

„Zu konzertieren habe ich noch nicht begonnen, komponieren kann ich auch nicht, ich weiß nicht, wovon ich bald leben werde", schrieb er an einen seiner Freunde. Ende Juni mußte er jedoch schon das Schlimmste ahnen, denn in einem Brief, der so wehmütig wie die Klage oder Bitte eines kranken Kindes war, bat er seine liebste Schwester Ludwika zu sich:

„Mein Leben! Kommt zu mir, wenn Ihr könnt", schrieb er am 25. Juni 1849. „Ich bin schwach, und keine Doktoren werden mir so helfen wie Ihr. Wenn Ihr kein Geld habt, leiht welches, wenn es mir mal besser geht, werde ich es leicht verdienen können und dem zurückgeben, der es Euch leihen wird, jetzt aber bin ich zu knapp bei Kasse, um es Euch zu schicken. Meine Wohnung hier in Chaillot ist groß genug, um Euch selbst mit zwei Kindern zu empfangen...

Meine Freunde und mir wohlgesinnte Leute finden, daß es die beste Arznei für mich wäre, wenn L u d w i k a herkäme. Bemüht Euch also um den Paß."

Auf die Fürsprache einflußreicher Personen hin, meistens der Ehemänner von russischen Schülerinnen Chopins, genehmigte Zar Nikolaus die Reise von Ludwika Jędrzejewicz mit Mann und Tochter nach Paris.

Bereits am 14. August teilte der arme Kranke einer seiner nahen Bekannten, Fräulein de Rozières, mit:

„Meine Schwester, Jędrzejewicz, und meine Nichte sind seit fünf Tagen bei mir. Ich bin sehr müde. Sie auch. Ich wünsche Ihnen so viel Glück, wie ich es in diesem Augenblick genieße, doch etwas mehr Gesundheit, denn ich bin schwächer als je zuvor."

Als George Sand von der Ankunft von Ludwika Jędrzejewicz in Paris erfuhr, schrieb sie ihr — eingedenk der herzlichen Freundschaft, die sie während Ludwikas Besuch 1844 in Paris geschlossen hatten, als sie gekommen war, um ihren Bruder nach dem Tode des Vaters zu trösten – einen Brief, in dem sie um Nachrichten über den Gesundheitszustand Fryderyks bat und ihr Wohlwollen für sie beide beteuerte.

Dieser Brief aber blieb unbeantwortet. Ob das mit Chopins Wissen und Willen geschah, ist ungeklärt. In jener Zeit trat seine Krankeit ins letzte Studium ein.

Er starb am 17. Oktober 1849 um zwei Uhr morgens in seiner Wohnung am Place Vendôme 12, in die er aus Chaillot gezogen war.

Darüber, wie er starb, gibt es mehrere Berichte, die leider in mancher Einzelheit nicht übereinstimmen. Beschränken wir uns also auf die verläßlichste, aller Exaltation bare Schilderung seiner Nichte Ludwika Ciechowska, geborene Jędrzejewicz, die zusammen mit ihrer Mutter Augenzeuge der letzten Tage Chopins war:

„Wir wohnten mit Fr. Chopin zuerst in seiner Sommerwohnung in der Rue de Chaillot 74 und dann am Place Vendôme 12. Diese Wohnung verließ mein Onkel nicht mehr, doch er konnte aufstehen. Er schlenderte durch die Zimmer und empfing fast bis zum Ende seine Bekannten, denn es gab fast jeden Tag mehrere Stunden, da er sich besser fühlte. Es stimmt nicht, daß er den Tod herbeisehnte, wie Herr Karasowski schrieb, denn er war sich seines Zustands lange nicht bewußt und beabsichtigte sogar, den Winter im Süden zu verbringen, weswegen er meine Mutter und mich zurückhielt... Erst in den letzten Stunden erriet er, daß es schlimm stand, und sagte: »Es wird bald zu Ende sein«.

Meine Mutter wachte unaufhörlich bei dem Kranken. Sie verließ ihn nicht für einen Augenblick; wir wichen ihm nicht von der Seite, und die Fürstin Marcelina Czartoryska verbrachte zusammen mit uns jede freie Minute bei meinem Onkel...

Vor seinem Tode äußerte Chopin keine Wünsche, bis auf den einen: Er wollte, daß sein Herz in die Heimat überführt werde. Bis zum letzten Moment seines Lebens blieb er bei Bewußtsein, er fühlte sich bloß immer schwächer. Und als Doktor Cruveiller ihn am 16. Oktober um 11 Uhr abends zum letzten Mal besuchte, sagte Chopin zu dem sich ihm nähernden Arzt: »Lassen Sie das, Sie werden mich bald lossein.«

Als der Arzt, am Bett stehend, dem Kranken den Puls fühlen wollte, zog dieser die Hand zurück und schloß die Augen, und Herr Cruveiller ging weg.

Die an den Arzt gerichteten Worte gingen in Erfüllung. Chopin

gab seinen Geist auf, doch nicht unter Schmerzen, wie es Herr Karasowski beschreibt.

Seine letzten Worte waren »Mutter, meine arme Mutter«, denn
er dachte stets an seine Mutter und beschloß mit diesen Worten auf
den Lippen sein Leben.

Er liebte seine Familie innig und wußte, wie er von ihr geliebt
wurde. Der Gedanke, welchen Schlag sein Tod für seine geliebte,
damals noch lebende Mutter bedeuten werde, zerriß ihm das Herz..."

Fryderyk Chopin wurde am 30. Oktober, also zwei Wochen nach seinem Tode beerdigt. Da er vor dem Tode den
Wunsch geäußert hatte, unter den Klängen von Mozarts
„Requiem" bestattet zu werden, spielten die Mitglieder
der „Société des Concerts" während der Totenmesse in
der St.-Madeleine-Kirche das „Requiem". Die Soli sangen
die damals hervorragendsten Stimmen in Paris: Frau
Viardot und Frau Castellan sowie die Herren Alexis
Dupond und Lablache. Dann spielte der Pianist Lefé-
bure-Wély auf der Orgel zwei Präludien Chopins. Als
Introit zur Totenmesse wurde der Marsch aus seiner
„Sonate b-Moll" op. 35 gespielt.

Zur Beerdigung des verehrten Meisters kam die gesamte aristokratische Elite der Pariser Gesellschaft sowie
die Elite der Pariser Künstler. Viele vornehme Karossen
und Kutschen folgten dem Leichenwagen, hinter dem
zahlreiche Schülerinnen Chopins in tiefer Trauer her-
schritten.

Gemäß seinem letzten Willen wurde er auf dem Friedhof Père Lachaise im östlichen Teil von Paris begraben;
sein Herz wurde von Ludwika Jędrzejewicz nach Polen
überführt und in einen Pfeiler der Hl.-Kreuz-Kirche in
Warszawa eingemauert, wo es bis heute ruht.

Die Nachricht vom Tode Chopins gelangte schnell
nach Polen und erfüllte nicht nur seine Freunde, die
meistens in Warszawa wohnten, sondern auch alle Polen
mit tiefer Trauer, die je mit seinem Werk in Berührung
gekommen waren.

Von den vielen Beiträgen, die nach dem Tode Chopins
in der französischen und polnischen Presse erschienen

sind und in denen sein Genie gerühmt und seine ungewöhnliche Persönlichkeit verehrt wurde, sei jener zitiert, der aus der Feder Cyprian Kamil Norwids stammt — eines hervorragenden polnischen Dichters, der damals im Exil lebte, der Chopin kannte, liebte und seine Freundschaft genoß:

„Von Geburt Warschauer, mit dem Herzen Pole, durch sein Talent Weltbürger, Fryderyk Chopin ist aus dieser Welt geschieden...

Es ist sein Verdienst, daß die über die Felder verstreuten Tränen des polnischen Volkes als Diamant von größter Schönheit, als Kristall von reinster Harmonie im Diadem der Menschheit erstrahlten.

Das ist das Größte, was einem Künstler gelingen kann, und Fryderyk Chopin ist es gelungen.

Fast sein ganzes Leben (denn den Hauptteil) außer Landes, lebte er für dieses Land.

Das ist das Größte, was ein Auswanderer erreichen kann, und Fryderyk Chopin hat es erreicht."

Fryderyk Chopin in den Augen der Welt

Unter den Musikern, deren Namen in die Kultur-geschichte der Welt eingegangen sind, gibt es nur we-nige, die in den Herzen von Millionen Zuhörern in allen Ländern so tiefe Verehrung geweckt und so lebhaften Anklang gefunden haben wie Fryderyk Chopin. Der ge-niale polnische Musiker, der beseelte Verfechter von Gedanken und Wunschträumen seines Volkes, der un-übertroffene Poet des Klaviers ist einer der beliebtesten Komponisten der Menschheit.

Zu den leidenschaftlichen Verehrern seines Talents ge-hörten nicht nur unzählige Musikliebhaber, sondern auch hervorragende Komponisten, Interpreten, Kritiker und Schriftsteller, sowohl seine Zeitgenossen als auch spä-tere Generationen.

Als Chopin noch sehr jung war — gerade erst einund-zwanzig Jahre —, brachte ihm Robert Schumann in dem schon erwähnten, in der „Allgemeinen Musikalischen Zeitung" veröffentlichten Beitrag eine Huldigung dar, wie sie nur selten ein Künstler darbringt: „Ich neige den Kopf vor so einem Genie, vor solchem Streben, vor solcher Meisterschaft." Und Franz Liszt, ein Star der damaligen Musikerkreise in der französischen Hauptstadt, hat einmal gesagt: „Ich würde vier Jahre meines Lebens hergeben, um die Etüde Nr. 3 aus dem Opus 10 schreiben zu können."

Über das Genie des großen polnischen Komponisten äußerte sich auch Heinrich Heine. Den hervorragenden Dichter, der oft mit Chopin zusammentraf und vielmals bei ihm zu Gast war, bezauberte vor allem die Poesie seiner Kompositionen. In einem Bericht aus Paris für die „Augsburger Allgemeine Zeitung" hat er das zum Ausdruck gebracht:

„Ja, dem Chopin muß man Genie zusprechen, in der vollen Bedeutung des Worts; er ist nicht bloß Virtuose, er ist auch Poet, er kann uns die Poesie, die in seiner Seele lebt, zur Anschauung bringen, er ist Tondichter, und nichts gleicht dem Genuß, den er uns verschafft, wenn er am Klavier sitzt und improvisiert... Chopin ist der große, geniale Tondichter, den man eigentlich nur in Gesellschaft von Mozart oder Beethoven oder Rossini nennen sollte."

Französische Musikkritiker und Zeitgenossen Chopins, bekannt für ihre hohen Ansprüche und große musikalische Kultur, geizten nicht mit Anerkennung und hoben sein ungewöhnliches Talent hervor.

„Chopin gehört zum kleinen Kreis rarer Genies", schrieb 1834 der hervorragende französische Kritiker François Stoepel in der „Gazette Musicale de Paris", „die einzig und allein das angestrebte Ziel vor Augen haben und es mit Kraft und Mut verfolgen, ohne darauf zu achten, was die Menge um sie herum tut... Er hat eine Art gewählt, Klavier zu spielen und für Klavier zu komponieren, die sich völlig von der seiner Zeitgenossen unterscheidet und eine neue Epoche sowohl in der Komposition als auch im Spiel auf diesem Instrument einleitet."

François J. Fetis, ein in Frankreich nicht weniger als Stoepel geschätzter Musikkritiker, stellte in bezug auf die Kompositionen Chopins fest: „Voller Seele sind die

Melodien, voller Phantasie die Passagen, und überall spürt man Originalität."

Jahrzehnte später gestand der berühmte französische Komponist Claude Debussy: „Chopin ist der Größte von allen, weil er allein durch das Klavier alles gefunden hat."

Einer der besten Kenner von Chopins Leben und Werk — der 1969 verstorbene englische Musikwissenschaftler Arthur Hedley — machte in seinem Kommentar zur 1962 in London veröffentlichten Auswahl von Chopins Briefen (Selected Correspondence of Chopin) eine sehr wesentliche Bemerkung:

„Wir stehen der erstaunlichen Tatsache gegenüber, daß die verhältnismäßig wenigen Werke des zurückhaltendsten und exklusivsten aller Musiker immer noch sowohl Männer als auch Frauen aller Nationen und verschiedenster Mentalität anzieht. Der Künstler, der die Menge zu Lebzeiten mied, wurde zum Propheten für sein Volk und zur wesentlichsten Verkörperung des Geistes der Poesie in der Musik für die übrige Welt. Es ist noch nicht vorgekommen, daß die verhältnismäßig wenigen Kompositionen Jahrhunderte hindurch immer wieder neu interpretiert werden, und trotzdem wirkt der Zauber weiter, und jedes Chopin-Konzert, von wem auch gegeben, füllt die Konzertsäle mit treuen Verehrern an."

Das Schaffen Chopins wurde zum Vorbild für viele spätere Komponisten, die daraus Anregung für eigene Werke schöpften.

Der hervorragende russische Komponist Michail Glinka, der den Grundstein für die klassische russische Musik legte, schätzte das Werk Chopins hoch ein und unterstrich häufig die Verwandtschaft mit ihm, die in seiner eigenen schöpferischen Suche zum Ausdruck kam. Diese seelische Verwandtschaft mit Chopin empfanden viele russische Komponisten, insbesondere die Mitglieder des „Mächtigen Häufleins" — Nikolai Rimski-Korsakow, Cesar Cui, Alexander Borodin, Modest Mussorgski und Mili Balakirew. „Wir begeisterten uns für Schumann", erinnerte sich Cesar Cui, „ferner für Liszt und Berlioz, doch Chopin und Glinka stellten wir über alles."

Rimski-Korsakow, der seine zu polnischen Themen komponierte Oper „Herr Wojewode" Chopin gewidmet hatte, schrieb in seinen Erinnerungen:

„Die nationalen polnischen Elemente in den Werken Chopins, die ich verehre, haben mich immer begeistert. In der an polnische Themen angelehnten Oper wollte ich meine Begeisterung für diese Seite der Musik zum Ausdruck bringen, und es schien mir, daß ich etwas National-Polnisches schreiben könnte."

Er gab auch ganz offen zu, daß das Schaffen Chopins die Melodik und Harmonik seiner Musik beeinflußt hat.

Diesen Einfluß kann man auch in Werken anderer russischer Komponisten beobachten, und das bei Künstlern solchen Ranges wie Pjotr Tschaikowski, Sergei Rachmaninow und Alexander Skrjabin, der „russischer Chopin" genannt wurde.

Ein geradezu fanatischer Verehrer Chopins war Mili Balakirew. Er war es, der in den neunziger Jahren des vorigen Jahrhunderts — zu der Zeit also, da die Behörden des zaristischen Rußlands die Entwicklung von Kultur und Kunst in dem seiner Unabhängigkeit beraubten Polen nicht förderten und sie sogar hinderten — eine Pressekampagne einleitete, um die polnische Bevölkerung aufzufordern, das Geburtshaus Fryderyk Chopins in Żelazowa Wola instand zu halten und den Komponisten durch ein Denkmal zu ehren. Seinem Bemühen ist es zu verdanken, daß die russischen Behörden die Errichtung dieses Denkmals bewilligten; Balakirew ist 1894 nicht nur zur feierlichen Enthüllung des Denkmals gekommen, sondern gab auch Konzerte Chopinscher Musik in Żelazowa Wola und in Warszawa, wobei er sein Honorar für das Fryderyk-Chopin-Stipendium des Warschauer Musikinstituts gespendet hat.

Die Einsicht in den Geist und das Wesen des Schaffens Chopins als nationalem polnischem Genie regte auch Komponisten anderer Nationen an. Bedřich Smetana, der Schöpfer der tschechischen Nationalmusik, schrieb z.B.: „Die Mazurkas und Polonaisen Chopins waren für mich ein Wegweiser zur Komposition nationaler tschechischer Tänze." Und der hervorragende norwegische Komponist Edvard Grieg gestand: „Chopin hat mir beigebracht, norwegische Musik zu schreiben."

Es sei noch einmal Franz Liszt zitiert, der feststellte, daß „nur ein Pole die Musik Chopins schreiben konnte, denn man kann in ihr alles Rührende und Feierliche hören, was sich ein Volk vorstellt, das zu seiner eigenen Beerdigung geht."

Einer der hervorragendsten polnischen Dichter der Romantik, Cyprian Kamil Norwid, äußerte sich über das Werk Chopins folgendermaßen:

„Die Eingebungen des Volkes, zu einer Größe erhoben, die die ganze Menschheit durchdringt und ergreift, das Volkstümliche zum Allgemeingut der Menschheit erhoben, und das nicht durch äußerliche Anwendung und formelle Konzessionen, sondern durch inneres Reifen — das ist es, was man der Musik Fryderyks entnehmen kann und was eine nationale Kunst ausmacht."

Für die in der Fremde umherirrenden polnischen Auswanderer war die Musik Chopins ein Symbol der Vaterlandsliebe. Das war sie auch für das ganze polnische Volk während der jahrzehntelangen Unfreiheit. In der Zeit der stärksten Unterdrückung regte sie zum Kampf um die Freiheit an.

Das begriff Robert Schumann sehr gut, als er schrieb:

„Denn wüßte der gewaltige selbstherrschende Monarch im Norden, wie in Chopins Werken, in den einfachen Weisen seiner Mazurkas, ihm ein gefährlicher Feind droht, er würde die Musik verbieten. Chopins Werke sind unter Blumen eingesenkte Kanonen."

Während des zweiten Weltkrieges waren sich die faschistischen Aggressoren dessen bewußt. Eine der ersten Verordnungen des deutschen Gouverneurs Leist, der 1939 im besetzten Warszawa sein Amt antrat, war die Sprengung des Fryderyk-Chopin-Denkmals, das 1926 im Łazienki-Park aufgestellt worden war, und das Verbot, seine Werke öffentlich aufzuführen.

„Ich kenne keinen Musiker, der ein größerer Patriot wäre als er", schrieb der hervorragende französische Musikwissenschaftler Camil

Bellaigue. „Chopin ist mehr Pole, als irgend jemand je Franzose, Italiener oder Deutscher gewesen ist. Er ist Pole und nur Pole, und aus jenem verwüsteten, unterjochten polnischen Land kommt eine Musik, die so unsterblich ist wie seine Seele."

Wie der bekannte russische Musikkritiker Wladimir Stassow in seinem 1901 veröffentlichten Werk „Die Kunst des 20. Jahrhunderts" richtig betonte, steckte in der Musik Chopins „eine mächtige Note des Polentums, eine unersättliche, leidenschaftliche Verbundenheit mit dem Vaterland, die sich nie erschöpfte und seinem Schaffen stolze, tiefe und unverwischbare Züge aufprägte". Und obwohl Chopin bekanntlich nie am aktiven Kampf um die nationale Befreiung teilnahm, unterstützte er mit seinem Schaffen diesen Kampf, brachte ihn zum Ausdruck und vertiefte ihn auf seine Weise.

Nach seinem Tode 1849 wurde Chopin erstaunlich rasch in der ganzen Welt berühmt, doch Rußland war eigentlich das erste Land nach Polen, in dem sich der Kult um die Chopinsche Musik am frühesten und am vollkommensten entwickelte. Das Publikum der Konzertsäle von Petersburg und Moskau, aber auch von vielen anderen russischen Städten, wurde vor allem durch solche Züge seines Schaffens angezogen wie starke Volkstümlichkeit, beseelter Wohlklang und Aufrichtigkeit des Ausdrucks, die für die slawische Musik typisch sind.

Von den dreißiger Jahren des vorigen Jahrhunderts an, also noch zu Lebzeiten Chopins, erschienen in den Chroniken des Musiklebens von Petersburg mehrmals Berichte über die Interpretation seiner Kompositionen. Bereits die ausgezeichnete polnische Pianistin Maria Szymanowska spielte bei ihren Konzerten in Petersburg Jugendwerke Chopins; der berühmte russische Komponist Felix Ostrowski nahm viele seiner späteren Werke in sein Repertoire auf; auch die Konzerte von Franz Liszt trugen wesentlich zur Verbreitung der Musik Chopins in Rußland bei.

Das Interesse und die Verehrung für das Schaffen Chopins in Rußland ergab sich auch in großem Maße aus der Sympathie der fortschrittlichen Kreise der russischen Bevölkerung für das polnische Volk. Zur Zeit der besonders verschärften Verfolgung polnischer Patrioten durch die zaristische Regierung nach den Aufständen von 1830 und 1863 erklärte sich das russische Volk mit dem Kampf der Polen um nationale Unabhängigkeit und Eigenständigkeit der polnischen Kultur solidarisch. Während der polnische Nationaldichter Adam Mickiewicz als großer Poet des Slawentums anerkannt wurde, erblickte man in Chopin einen großen slawischen Komponisten, dessen Schaffen vielen Musikliebhabern in Rußland teuer, nah und verständlich war.

Von der Popularität der Musik Chopins in diesem Land zeugt die Tatsache, daß 1861 in Petersburg die gesammelten Werke Chopins herausgegeben wurden. In Zusammenhang damit erschien am 8. März 1861 in den „Petersburger Nachrichten" eine von Wladimir Stassow verfaßte biographische Notiz, in der es hieß:

„Das große, einfallsreiche und originelle Talent Chopins ist der ganzen Kulturwelt bekannt: Ein Ausdruck der Anerkennung der russischen Bevölkerung für den genialen Künstler, dessen Werke die ganze Vielfalt von Empfindungen und Gedanken des Menschen widerspiegeln, war immer eine an Schwärmerei grenzende Begeisterung... Die Werke Chopins, immer poetisch beseelt, fesseln durch ihre emotionelle Tiefe und Stärke, durch die anmutige harmonische Form. In den Balladen, in denen er zum Geschichtsschreiber seines Vaterlands wurde, in den Sonaten, Nocturnes, Konzerten, Etüden und Scherzi lieferte er ein Muster höchster dichterischer Meisterschaft... Chopin gehört allen Nationen, doch in seinen zärtlichen, mitreißenden, verführerischen Melodien, in seinen nervösen, feurigen, lebensvollen Tönen ist er vor allem Pole; dem Charakter seiner Werke nach gehört Chopin mehr zu Polen als zu irgendeinem anderen Land, obwohl er sowohl die französische Art als auch die deutsche Romantik vollkommen beherrschte."

Diese Worte — von einem Russen geschrieben und in einer russischen Zeitung gedruckt, als die zaristischen Behörden in Polen schärfste nationale Repressalien anwandten — haben eine besondere Aussage.

In den Jahren 1888/89 gab der geniale russische Pianist Anton Rubinstein in seinem Lande eine Reihe von mit Konzerten verbundenen Vorträgen über die Entwicklung der Klaviermusik. Vier von ihnen widmete er seinem Lieblingskomponisten Fryderyk Chopin, von dem er sagte:

„Die Persönlichkeit Chopins ist in jeder Hinsicht großartig. Er war Pole und schrieb subjektiv, doch dieses Subjekt war das ganze Volk, das in seiner Musik singt."

Boris Assafjew, ein hervorragender russischer Musikwissenschaftler und Komponist, Schüler Liadows und Mitbegründer der sowjetischen Musikwissenschaft, äußerte sich in einer seiner zahlreichen Arbeiten zum Thema der Weltmusik in einem dem Werk Chopins gewidmeten Kapitel folgendermaßen: „Wie ist es schwer, die gesamte Welt dieser Musik zu erfassen! In ihr ist ganz Polen eingeschlossen."

Das tiefgreifende Verständnis für das Wesen im Schaffen des genialen polnischen Nationalkomponisten und dessen richtige Beurteilung, die die Klassiker der russischen Musik und die eminentesten Vertreter der russischen Musikwissenschaft zum Ausdruck gebracht haben, wird in der Sowjetunion weiterhin verbreitet und vertieft. Wie der bekannte sowjetische Musikwissenschaftler Igor Belsa behauptet, wurde die Musik Chopins dort

„zum allgemeinnationalen Eigentum, genauso wie andere kulturelle Werte der Vergangenheit. Unter diesen Werten nehmen die Werke Chopins einen eigenen, besonderen Platz ein. Die leidenschaftliche Liebe für das Schaffen des großen polnischen Komponisten kommt darin zum Ausdruck, daß seine Werke nicht nur in Konzertsälen, Rundfunkstudios und Klassenzimmern der Konservatorien erklingen, sondern auch in den Häusern einfacher Menschen, in Arbeiterklubs, Garnisonen und Kulturhäusern auf dem Lande."

Das Werk Fryderyk Chopins stellt einen unschätzbaren Beitrag nicht nur zur polnischen Kultur, sondern auch zur Kultur der ganzen Welt dar. Stanisław Przybyszewski, ein polnischer Schriftsteller der Jahrhundertwende, hat in einer seiner kritischen Schriften diesen Gedanken herrlich in Worte gekleidet:

„Dem Schatz des Schöpfergeistes der ganzen Menschheit solch großen Reichtum zu schenken, wie es Chopin getan hat, ihn in eine neue Richtung zu lenken und bisher unerkannte Wege zu weisen, auf denen er ins Endlose schreiten kann — das bedeutet beträchtlich mehr, als nur national zu sein... Keinem Sohn der polnischen Erde verdanken wir so viel wie eben Chopin."

Karol Szymanowski, der größte polnische Komponist des 20. Jahrhunderts und Wegbereiter der polnischen Musikavantgarde, hat das Werk Fryderyk Chopins und seine Bedeutung in der Weltmusik mit folgenden Worten umrissen:

„Das Schaffen Chopins, mit all den Besonderheiten seines Stils, stellt bis dato die ruhmvollste Errungenschaft der polnischen Musik dar, doch ist es nicht im engen Rahmen der die ethnischen Grenzen nicht überschreitenden Gefühle eines einzigen Volkes verschlossen, ganz im Gegenteil: Diese p o l n i s c h e Musik, die mit ihrer ruhmreichen Anstrengung die Höhe der i n t e r n a t i o n a l e n Kunst erreicht hat, schaffte es, mit seltener Intensität in die Gefühlswelt aller einzufließen, mit der unbekannten, erstaunlichen Konzeption ihres damaligen »Modernismus«, ihrer musikalischen Schönheit zu imponieren, die seit nahezu hundert Jahren ihre Zeitlosigkeit nicht eingebüßt und dadurch geheimnisvolle Bande zwischen uns und der ganzen Menschheit geknüpft hat."

Die internationale Bedeutung der Musik Chopins wurde noch stärker von dem hervorragenden zeitgenössischen polnischen Schriftsteller Jarosław Iwaszkiewicz hervorgehoben, der feststellte:

„Die Kunst Fryderyk Chopins ist das teuerste Erbe, das uns unsere musikalische Vergangenheit hinterlassen hat. Aus dem Geiste der polnischen Volksmusik heraus entstanden und zur Würde eines Symbols der ganzen Menschheit erhoben, bildet sie ein unschätzbares Element des Verständnisses und der Liebe zwischen den Völkern."

Auf den Spuren Fryderyk Chopins

Die Liebhaber der Musik Fryderyk Chopins, die nach Andenken an das Leben und Werk des großen polnischen Komponisten suchen, finden sie vor allem in Warszawa und Żelazowa Wola.

Warszawa wird zu Recht „Chopins Start" genannt. Dort verbrachte er nämlich 20 Jahre seines Lebens. Es war die Stadt seiner Jugend, dort schloß er die Schule ab, dort studierte er, dort schrieb und veröffentlichte er seine ersten Kompositionen, dort auch entstanden viele seiner schönsten Werke. 1830 verließ er Warszawa — wie es sich später erwies — für immer. Doch dieser Stadt war er am innigsten verbunden, und in seinem Testament äußerte er den Wunsch, sein Herz solle nach Warszawa zurückkehren.

Es gibt viele Stätten in Warszawa, die mit dem Leben Chopins verbunden sind, doch die meisten Gebäude, in denen er wohnte, lernte oder konzertierte, sind nicht mehr vorhanden. Die Ursache dafür war vor allem die fast restlose Zerstörung von Warszawa in den Jahren der Hitlerokkupation. Dank der enormen Anstrengung der gesamten polnischen Bevölkerung wurde Warszawa jedoch wiederaufgebaut, und die meisten historischen Gebäude wurden mit größter Sorgfalt rekonstruiert.

Den Spuren Fryderyk Chopins folgend, macht man also in der Krakowskie-Przedmieście-Straße 5 halt. Im vorderen Nebenhaus des Palastes, der zuerst der Familie Krasiński und später der Familie Raczyński gehörte und heute die Akademie der Schönen Künste beherbergt, wohnte Fryderyk Chopin mit seiner Familie von 1827—1830. Es war seine letzte Wohnung in Warszawa. Im ersten Stock dieses Nebenhauses wurde 1960 nach einer Zeichnung von Antoni Kolberg, einem Freund Fryderyks, der Salon der Eltern des Komponisten rekonstruiert. Der Entwurf für diese Rekonstruktion stammte von den Architekten Stanisław und Barbara Brukalski. Dieses museale Objekt steht allen zur Besichtigung offen.

In der Krakowskie-Przedmieście-Straße befindet sich auch die 1761 errichtete Visitinnen-Kirche — in der Jugendzeit Chopins Universitätskirche —, hier spielte er häufig Orgel, und hier sang auch Konstancja Gładkowska, seine erste Liebe.

In der Senatorska-Straße steht der Palast der Familie Mniszech (gegenwärtig Sitz der Botschaft des Königreichs Belgien), wo Chopin 1829 bei geselligen Treffen seine Improvisiationen zum besten gab.

In der Nähe des Mniszech-Palasts, neben der größten Warschauer Ausstellungsgalerie „Zachęta", steht die 1779 als Rundbau errichtete evangelische Kirche, in der der fünfzehnjährige Fryderyk 1825 in Gegenwart des Zaren Alexander I. ein Äolomelodikon-Konzert gab. Die herrliche Akustik dieser Kirche ist wie geschaffen für Kammerkonzerte.

Kehren wir jedoch in die Krakowskie-Przedmieście-Straße zurück. Dort ruht in der Hl.-Kreuz-Kirche, im Mittelpfeiler des Hauptschiffes, das Herz Fryderyk Chopins. Diese Stätte ist mit einer interessanten und für polnische Denkmäler charakteristischen Geschichte verknüpft. Gemäß dem letzten Wunsch Chopins wurde sein

Herz von seiner Schwester Ludwika Jędrzejewicz 1849 von Paris nach Warszawa überführt, ohne daß die zaristischen Behörden davon Kenntnis bekommen durften. Eine Zeitlang wurde es in den Katakomben der Hl.-Kreuz-Kirche aufbewahrt, und erst 1880 — nach dem Tode Ludwikas — dank den Bemühungen ihres Sohns Antoni Jędrzejewicz in die cbere Kirche gebracht und in einem Pfeiler eingemauert. An dem Pfeiler wurde eine von Władysław Marconi entworfene und von der Warschauer Musikgesellschaft gestiftete Gedenktafel angebracht.

Während des Warschauer Aufstands 1944 wurde das Herz Chopins nach Milanówek bei Warszawa überführt, was den faschistischen Okkupanten verborgen bleiben mußte. Erst nach der Befreiung der polnischen Hauptstadt kehrte es am 17. Oktober 1945, am 96. Todestag Chopins, feierlich an den früheren Platz zurück.

Das Zentrum des „Chopin-Kults" in Warszawa ist der Ostrogski-Palast, der heute die Fryderyk-Chopin-Gesellschaft beherbergt.

Dieser schöne, an der Weichselböschung gelegene Barockpalast in der Okólnik-Straße 1 ist ein Werk des berühmten niederländischen Architekten Tylman aus Gameren, des Hofbaumeisters von König Jan III. Sobieski. Der Ostrogski-Palast gilt als eines seiner Meisterwerke. Im Laufe von fast vier Jahrhunderten wurde er mehrmals umgebaut. Während des Warschauer Aufstands blieb von ihm nur ein Trümmerhaufen. Die Rekonstruktionsarbeiten, bei denen man sich auf ein erhaltengebliebenes Gemälde des berühmten italienischen Malers Bernardo Bellotto, genannt Canaletto, stützte, wurden 1954 abgeschlossen.

Seit 1955 ist der Ostrogski-Palast Sitz der Fryderyk-Chopin-Gesellschaft. Das Ziel dieser Einrichtung besteht darin, das Wissen über Chopin zu vertiefen und sein Schaffen zu verbreiten. Die Gesellschaft befaßt sich mit der Pflege der mit dem Leben Chopins verbundenen Stätten, veranstaltet ihm gewidmete internationale Klavierwettbewerbe, die Festivals in Duszniki und die Konzerte in Żelazowa Wola, ferner schreibt sie Stipendien aus und widmet sich wissenschaftlicher und musealer Dokumentation. Die Sammlungen der Fryderyk-Chopin-Gesellschaft umfassen insgesamt 1077 Ausstellungsstücke und Andenken aus dem Nachlaß des großen polnischen Komponisten und von Personen aus seiner nächsten Umgebung. Zu den wichtigsten Erinnerungsstücken gehören Manuskripte der Werke Chopins, seine Briefe und Widmungen, seine Porträts sowie ein Flügel der Firma Pleyel und persönliche Sachen. In der Bibliothek der Gesellschaft gibt es 4000 Bände, die dem Leben und Wirken Chopins gewidmet sind, sowie eine Sammlung von 600 Schallplatten mit seinen Kompositionen.

Ebenfalls in Warszawa — im malerischen Łazienki-Park in der Ujazdowskie-Allee — steht an einem kleinen Bassin das Fryderyk-Chopin-Denkmal. Der Entwurf für dieses Denkmal, ein Werk des Bildhauers und Malers Wacław Szymanowski, wurde unter 68 Entwürfen ausgewählt, die zu einem 1908 ausgeschriebenen Wettbewerb eingesandt wurden. Das Denkmal aber wurde erst viele Jahre später errichtet. Seine feierliche Enthüllung, zu der viele hervorragende Vertreter der ganzen Musikwelt nach Warszawa gekommen waren, erfolgte im November 1926.

Im Mai 1940 vernichteten die deutschen Besatzer in ihrer blinden, gegen die polnische Kultur gerichteten Zerstörungswut auch das Chopin-Denkmal in Warszawa. In Stücke geschnitten, wurde es aus Warszawa in unbekannte Richtung verschleppt. Der Kopf des Denkmals wurde 1945 auf dem Gelände der Waggonfabrik in Wrocław gefunden; sofort wurde mit der Rekonstruktion des Denkmals begonnen. Sie war möglich, weil das Gipsmodell des Bildwerks erhalten geblieben war. Die Arbeiten dauerten fast dreizehn Jahre. Schließlich wurde das Denkmal im Mai 1958 zum zweiten Mal feierlich enthüllt.

Beim Chopin-Denkmal finden gegenwärtig jeden Sonntag im Frühjahr und Sommer Konzerte Chopinscher Musik statt, die von polnischen und ausländischen Pianisten gegeben werden.

Żelazowa Wola ist der Geburtsort des Komponisten. Diese Ortschaft liegt 60 Kilometer von Warszawa entfernt. Noch vor kurzem ein völlig vergessenes Dorf, wird es heute von Scharen der Liebhaber Chopinscher Musik besucht. In der Kinder- und Jugendzeit Chopins gehörte Żelazowa Wola dem Grafen Fryderyk Skarbek. Nach dessen Tode hatte es mehrere Eigentümer. 1859 wurde es von Adam Towiański, einem Sohn des berühmten Philosophen und Mystikers Andrzej Towiański, erworben. Obwohl der neue Eigentümer das Gutshaus umgebaut hat, wodurch sich das Antlitz von Chopins Geburtsort leider verändert hat, kann man es ihm als Verdienst anrechnen, daß er um das Haus herum einen ausgedehnten Park angelegt hat. Zwanzig Jahre später wurde Żelazowa Wola vom Kaufmann Aleksander Pawłowski erworben, der das Elternhaus Chopins völlig verwahrlosen ließ. In der Presse begannen sich also alarmierende Stimmen zu mehren. Ausschlaggebend war in dieser Angelegenheit die Intervention des russischen Komponisten Mili Balakirew, des geistigen Anführers des „Mächtigen Häufleins". Er war es, der den zaristischen Behörden die Genehmigung abnötigte, im Park von Żelazowa Wola einen Obelisk zu errichten, an dem ein Medaillon mit dem Porträt von Chopin — einer Kopie des Werkes des französischen Malers A. Bovy — angebracht wurde. Dieser Obelisk wurde 1894 enthüllt. Aus diesem Anlaß gaben Mili Balakirew und zwei ausgezeichnete polnische Pianisten — Aleksander Michałowski und Jan Kleczyński — ein Konzert Chopinscher Musik.

Als Polen 1918 seine Unabhängigkeit wiedererlangt hatte, begann man nicht sofort mit der Restaurierung des Gutshauses in Żelazowa Wola. Erst 1926 wurde ein besonderes Komitee gegründet, das den damaligen Eigentümern Haus und Park abkaufte und die Renovierungsarbeiten einleitete. Bis 1938 wurden im Gutshaus viele wertvolle Erinnerungsstücke an Fryderyk Chopin zusammengetragen, darunter Porträts von ihm und ihm nahestehenden Personen, ein Flügel der Firma Pleyel, auf dem er oft gespielt hatte, sowie ein Bronzeabguß der linken Hand des Komponisten.

Während des zweiten Weltkriegs hatten hitlerfaschistische Truppen in Żelazowa Wola Quartier bezogen und fast all diese wertvollen Andenken vernichtet. Das Haus ist zum Glück verschont geblieben. Nach Kriegsende nahm das Fryderyk-Chopin-Institut (die heutige Fryderyk-Chopin-Gesellschaft) Żelazowa Wola in ständige Obhut. Die Renovierungs- und Einrichtungskosten wurden aus staatlichen Fonds bestritten.

Als die ganze Welt 1949 den 100. Todestag Chopins feierlich beging, war das Haus, in dem der Künstler geboren worden war, völlig restauriert und im Stil der Epoche eingerichtet. Der Park wurde erweitert und mit schönen Sträuchern und exotischen Blumen aus der ganzen Welt bepflanzt.

Das Haus Chopins in Żelazowa Wola ist kein Museumsobjekt im strikten Sinne dieses Wortes. Es gibt aber die Atmosphäre wieder, in der die Familie Chopin in der ersten Hälfte des 19. Jahrhunderts lebte.

Jeden Sonntag werden von Mai bis September in Żelazowa Wola Konzerte veranstaltet, die nicht nur für die Zuhörer, sondern auch für die Interpreten ein unvergeßliches Erlebnis sind. Zu diesen Konzerten werden hervorragendste Pianisten aus aller Welt eingeladen.

WICHTIGERE DATEN AUS DEM LEBEN FRYDERYK CHOPINS UND IHM NAHESTEHENDER PERSONEN

1771 Mikołaj Chopin wurde am 15. April in Marainville bei Nancy in Frankreich geboren; verstorben 1844 in Warszawa; bestattet auf dem Powązki-Friedhof in Warszawa.

1782 Im September wurde Justyna Krzyżanowska im Dorf Długie bei Izbica Kujawska geboren. Selbst sehr musikalisch, übte sie großen Einfluß auf die musikalische Entwicklung ihres Sohns Fryderyk Chopin aus. Sie war auch seine erste Lehrerin im Klavierspiel. Verstorben 1861 in Warszawa, wurde sie auf dem Warschauer Powązki-Friedhof beerdigt.   ,

1806 Am 2. Juni fand die Trauung von Mikołaj Chopin und Justyna Krzyżanowska, den Eltern Fryderyk Chopins, in der Hl.-Rochus-Kirche in Brochów statt.

1807 Ludwika Chopin wurde in Żelazowa Wola geboren. 1832 heiraratete sie Józef Kalasanty Jędrzejewicz. Verstorben 1855 in Warszawa, bestattet auf dem Powązki-Friedhof in Warszawa.

1810 Am 22. Februar (oder am 1. März) wurde Fryderyk Chopin in Żelazowa Wola geboren.
Im September übersiedelte die Familie Chopin nach Warszawa.

1811 Izabela Chopin wurde in Warszawa geboren. 1834 heiratete sie Antoni Barciński. 1881 in Warszawa verstorben, wurde sie auf dem Powązki-Friedhof beerdigt.

1812 Emilia Chopin wurde geboren. 1827 starb sie an Tuberkulose und wurde auf dem Powązki-Friedhof beerdigt.

1816 Fryderyk Chopin nimmt Klavierunterricht bei Wojciech Żywny. Im Salon der Gräfin Zamojska im Blauen Palast in Warszawa findet der erste Auftritt des kleinen Fryderyk statt.

77

1817 Es entsteht das erste bekannte Werk Fryderyk Chopins – „Polonaise g-Moll".

Das Warschauer Lyzeum verlegt seinen Sitz aus dem Saski-Palast in den Kazimierzowski-Palast. Aus diesem Grunde zieht die Familie Chopin in den 2. Stock des rechten Hinterhauses des Kazimierzowski-Palasts um.

1818 Am 24. Februar findet im Palast der Familie Radziwiłł der erste öffentliche Auftritt Fryderyk Chopins statt.

1821 Chopin widmet Wojciech Żywny seine „Polonaise As-Dur" zum Namenstag.

1823 Fryderyk Chopin kommt in die 4. Klasse des Warschauer Lyzeums, das er 1826 mit Auszeichnung abschließt.

1825 Im Juni gibt Fryderyk Chopin in Gegenwart des Zaren Alexander I. in der evangelischen Kirche ein Konzert auf dem Äolomelodikon.

1826 Im August gibt Chopin in Reinerz (Duszniki Zdrój) zwei Konzerte zugunsten von Waisen.

Im Oktober beginnt er sein Studium an der Hauptschule für Musik in Warszawa in der Kompositionsklasse von Józef Elsner.

1828 Im August fährt Chopin nach Berlin.

1829 Reise Chopins nach Prag und Dresden.

Als Absolvent der Warschauer Hauptschule für Musik fährt Fryderyk nach Wien, wo er an zwei öffentlichen Konzerten (am 11. und 18. August) teilnimmt.

1830 Erste Aufführungen der Konzerte e-Moll und f-Moll am 17. März, am 22. März und am 11. Oktober im Nationaltheater am Krasińskich-Platz in Warszawa.

Am 2. November verläßt Chopin Warszawa für immer. In Kalisz trifft er Tytus Woyciechowski, mit dem er dann weiter über Wrocław, Dresden und Prag nach Wien fährt. In Wien hält er sich von November 1830 bis August 1831 auf.

1831 August – Aufenthalt Chopins in München und Stuttgart. Am 11. September Ankunft in Paris

1832 Am 26. Februar findet das erste Konzert Chopins in Paris statt.

1833 Chopin verbringt den Sommer bei A. Franchomme in Côteau. Am 15. Dezember spielt er mit Liszt und Hiller das „Konzert d-Moll" von J. S. Bach für drei Klaviere.

1834 Im Mai fährt Chopin mit F. Hiller zu einer Musikveranstaltung nach Aachen. In Düsseldorf besucht er F. Mendelssohn.

1835 Chopin verbringt den Sommer in Anghien. Am 15. August trifft Fryderyk seine Eltern in Karlsbad. Im September begegnet Chopin Maria Wodzińska in Dresden. In Leipzig besucht er Mendelssohn und Wieck. Chopin lernt Klara Wieck und Robert Schumann kennen. Im Oktober hält er sich kurz in Heidelberg und Straßburg auf. Im November trifft er in Paris Karol Lipiński, einen polnischen Violinvirtuosen und Komponisten.

1836 Im Juli hält sich Chopin mit Familie Wodziński in Marienbad auf. Im September besucht er Schumann in Leipzig. Auf dem Weg nach Paris trifft er Ludwig Spohr in Kassel und Karol Lipiński in Frankfurt. Im Dezember lernt Chopin George Sand in Paris kennen.

1837 Juli — erster Aufenthalt Chopins in London

1838 Am 25. Februar spielt Chopin am Hofe Ludwig Philipps in den Tuilerien. Im März gibt Chopin im Rathaussaal in Rouen ein Benefizkonzert für Antoni Orłowski, einen polnischen Journalisten und Schriftsteller. Im Oktober fährt Chopin mit George Sand und ihren Kindern nach Mallorca, wo er bis Anfang Februar 1839 bleibt.

1839 Im Februar fährt Chopin von Mallorca nach Marseille und von dort aus nach Paris. Erster Aufenthalt Chopins in Nohant, dem Gut von George Sand. In den Jahren 1841–1846 verbringt er dort jeden Sommer.

1842 In Warszawa stirbt Wojciech Żywny, der erste Musiklehrer Chopins.

1844 Mikołaj Chopin stirbt. Fryderyks Schwester Ludwika Jędrzejewicz kommt nach Paris, wo sie George Sand kennenlernt und sich mit ihr anfreundet.

1847 Es kommt zum endgültigen Bruch zwischen Chopin und George Sand.

1848 Am 16. Februar gibt Chopin das letzte öffentliche Konzert in Paris.
Im April fährt er wieder nach London.
Aufenthalt Chopins in Schottland. Konzerte in London, Manchester, Glasgow und Edinburgh.
Am 16. November gibt Chopin das letzte öffentliche Konzert in seinem Leben; er spielt für polnische Emigranten in London.

1849 Chopin verbringt den Sommer in seiner Wohnung in der Rue de Chaillot in Paris.
Im September kommt Ludwika Jędrzejewicz nach Paris.
Am 17. Oktober stirbt Fryderyk Chopin in seiner Wohnung am Place Vendôme 12 in Paris.
Am 30. Oktober wird er auf dem Friedhof Père Lachaise beerdigt.

DIE WERKE FRYDERYK CHOPINS

Op. 1 „Rondo c-Moll", komponiert 1825, herausgegeben im selben Jahr

Op. 2 „Variationen über Mozarts »Là ci darem la mano« für Klavier mit Orchester B-Dur", geschrieben 1827/28 in Warszawa, herausgegeben 1830

Op. 3 „Introduction et Polonaise brillante" für Klavier und Cello C-Dur, geschrieben 1829, herausgegeben 1833 in Paris

Op. 4 „Sonate c-Moll", komponiert 1827/28 in Warszawa, herausgegeben 1851 von Haslinger in Wien nach dem Tode Chopins

Op. 5 „Rondo à la Mazurka F-Dur", geschrieben 1826 in Warszawa, herausgegeben 1828

Op. 6 4 Mazurkas: fis-Moll, cis-Moll, E-Dur und es-Moll, geschrieben vermutlich 1830/31 in Wien, herausgegeben 1832

Op. 7 5 Mazurkas: B-Dur, a-Moll, f-Moll, As-Dur und C-Dur, herausgegeben 1832

Op. 8 „Trio für Klavier, Violine und Cello g-Moll", geschrieben 1828/29 in Warszawa, herausgegeben 1833

Op. 9 3 Nocturnes: b-Moll, Es-Dur und H-Dur, herausgegeben 1833

Op. 10 12 Etüden: C-Dur, a-Moll, E-Dur, cis-Moll, Ges-Dur, es-Moll, C-Dur, F-Dur, f-Moll, As-Dur, Es-Dur und c-Moll, geschrieben 1828–1833, herausgegeben 1833

Op. 11 „Konzert für Klavier und Orchester e-Moll", geschrieben 1830, herausgegeben 1833

Op. 12 „Variations brillantes sur le rondeau favori »Je vends des scapulaires« B-Dur", geschrieben 1833, herausgegeben im selben Jahr

Op. 13 „Fantasie über polnische Volkslieder für Klavier und Orchester A-Dur", geschrieben zwischen 1829 und 1830, herausgegeben 1834

Op. 14 „Krakowiak, Grand Rondeau de Concert" für Klavier und Orchester F-Dur, komponiert 1828 in Warszawa, herausgegeben 1834

Op. 15 3 Nocturnes: F-Dur, Fis-Dur und g-Moll, zum Teil 1831 entstanden, herausgegeben 1834

Op. 16 „Rondo Es-Dur", entstanden 1832, herausgegeben 1834

Op. 17 4 Mazurkas: B-Dur, e-Moll, As-Dur und a-Moll, entstanden 1831–1833, herausgegeben 1834

Op. 18 „Valse brillante Es-Dur", geschrieben 1831, herausgegeben 1834

Op. 19 „Bolero C-Dur", geschrieben 1833, herausgegeben 1834

Op. 20 „Scherzo h-Moll", geschrieben 1831/32, herausgegeben 1835

Op. 21 „Konzert für Klavier und Orchester f-Moll", komponiert 1829 in Warszawa, herausgegeben 1836

Op. 22 „Grande Polonaise brillante Es-dur, précédée d'un Andante spianato" für Klavier und Orchester, komponiert 1830/31, herausgegeben 1836

Op. 23 „Ballade g-Moll", entstanden 1831–1835, herausgegeben 1836

Op. 24 4 Mazurkas: g-Moll, C-Dur, As-Dur und b-Moll („Mazurka As-Dur" ist 1831 entstanden), herausgegeben 1835

Op. 25 12 Etüden: As-Dur, f-Moll, F-Dur, a-Moll, e-Moll, gis-Moll, cis-Moll, Des-Dur, Ges-Dur, h-Moll, a-Moll und c-Moll, entstanden 1832–1836, herausgegeben 1837

Op. 26 2 Polonaisen: cis-Moll und es-Moll, geschrieben um 1834/35, herausgegeben 1836

Op. 27 2 Nocturnes: cis-Moll und Des-Dur, geschrieben 1835, herausgegeben 1836

Op. 28 24 Präludien: C-Dur, a-Moll, G-Dur, e-Moll, D-Dur, h-Moll, A-Dur, fis-Moll, E-Dur, cis-Moll, H-Dur, gis-Moll, Fis-Dur, dis-Moll, Des-Dur, b-Moll, As-Dur, f-Moll, Es-Dur, c-Moll, B-Dur, g-Moll, F-Dur und d-Moll; Chopin hat sie während seines Aufenthalts auf Mallorca im September 1839 beendet (die Präludien a-Moll und d-Moll sind wahrscheinlich schon 1831 entstanden), herausgegeben im selben Jahr

Op. 29 „Impromptu As-Dur", herausgegeben 1837

Op. 30 4 Mazurkas: c-Moll, h-Moll, Des-Dur und cis-Moll, geschrieben 1836/37, herausgegeben 1837

Op. 31 „Scherzo b-Moll", geschrieben 1837, herausgegeben 1837 oder 1838

Op. 32 2 Nocturnes: H-Dur und As-Dur, herausgegeben 1837

Op. 33 4 Mazurkas: gis-Moll, D-Dur, C-Dur und h-Moll, geschrieben 1837/38, herausgegeben 1838

Op. 34 3 Valses brillantes: As-Dur, a-Moll und F-Dur, geschrieben 1831—1838, herausgegeben 1838

Op. 35 „Sonate b-Moll", geschrieben 1839 in Nohant („Marche funèbre" ist 1837 entstanden), herausgegeben 1840

Op. 36 „Impromptu Fis-Dur", geschrieben im Sommer 1839 in Nohant, herausgegeben 1840

Op. 37 2 Nocturnes: g-Moll und G-Dur, geschrieben 1839 in Nohant, herausgegeben 1840

Op. 38 „Ballade F-Dur", geschrieben 1836—1839, herausgegeben 1840

Op. 39 „Scherzo cis-Moll", geschrieben zwischen 1838 und 1839, herausgegeben 1840

Op. 40 2 Polonaisen: A-Dur und c-Moll, geschrieben 1838/39, herausgegeben 1840

Op. 41 4 Mazurkas: cis-Moll, e-Moll, H-Dur und As-Dur (die zweite ist am 28. November 1838 in Palma entstanden), herausgegeben 1840

Op. 42 „Walzer As-Dur", komponiert und herausgegeben 1840

Op. 43 „Tarantella As-Dur", geschrieben und herausgegeben 1841

Op. 44 „Polonaise fis-Moll", entstanden 1840/41, herausgegeben 1841

Op. 45 „Präludium cis-Moll", geschrieben 1841 in Nohant, herausgegeben im selben Jahr

Op. 46 „Alegro de concert A-Dur", komponiert 1840/41, herausgegeben 1841

Op. 47 „Ballade As-Dur", entstanden 1840/41, herausgegeben 1842

Op. 48 2 Nocturnes: c-Moll und fis-Moll, geschrieben und herausgegeben 1841

Op. 49 „Fantasia f-Moll", komponiert 1840/41, herausgegeben 1841

Op. 50 3 Mazurkas: G-Dur, As-Dur und cis-Moll, geschrieben 1841/42, herausgegeben 1842

Op. 51 „Impromptu Ges-Dur", geschrieben 1842, herausgegeben 1843

Op. 52 „Ballade f-Moll", geschrieben 1842, herausgegeben 1843

Op. 53 „Polonaise As-Dur", komponiert nach 1840, herausgegeben 1843

Op. 54 „Scherzo E-Dur", geschrieben 1842, herausgegeben 1843

Op. 55 2 Nocturnes: f-Moll und Es-Dur, geschrieben 1843, herausgegeben 1844

Op. 56 3 Mazurkas: H-Dur, C-Dur und c-Moll, geschrieben 1843, herausgegeben 1844

Op. 57 „Berceuse Des-Dur", geschrieben 1843, herausgegeben 1845

Op. 58 „Sonate h-Moll", geschrieben 1844, herausgegeben 1845

Op. 59 3 Mazurkas: es-Moll, As-Dur und fis-Moll, geschrieben 1845 wahrscheinlich in Nohant, herausgegeben 1846

Op. 60 „Barkarole Fis-Dur", geschrieben 1845/46, herausgegeben 1846

Op. 61 „Polonaise-Fantaisie As-Dur", geschrieben 1845/46, herausgegeben 1846

Op. 62 2 Nocturnes: H-Dur und E-Dur, herausgegeben 1846

Op. 63 3 Mazurkas: H-Dur, f-Moll und cis-Moll, geschrieben 1846 wahrscheinlich in Nohant, herausgegeben 1847

Op. 64 3 Walzer: Des-Dur, cis-Moll und As-Dur, herausgegeben 1847

Op. 65 „Sonate für Klavier und Cello g-Moll", komponiert 1845/46, herausgegeben 1847

Op. 66 „Fantaisie Impromptu cis-Moll", geschrieben 1834, herausgegeben 1855 nach dem Tode Chopins

Op. 67 4 Mazurkas: G-Dur, g-Moll, C-Dur und a-Moll (G-Dur und C-Dur sind 1835 entstanden, a-Moll 1846 und g-Moll 1849), herausgegeben 1855 nach dem Tode Chopins

Op. 68 4 Mazurkas: C-Dur, a-Moll, F-Dur und f-Moll (f-Moll wurde 1848 oder 1849 geschrieben), herausgegeben 1855 nach dem Tode Chopins

Op. 69 2 Walzer: As-Dur und h-Moll (As-Dur ist 1835 entstanden und a-Moll 1829), herausgegeben 1855 nach dem Tode Chopins

Op. 70 3 Walzer: Ges-Dur, As-Dur und Des-Dur (Ges-Dur ist 1835, As-Dur 1834 und Des-Dur 1829 entstanden), herausgegeben 1855 nach dem Tode Chopins

Op. 71 3 Polonaisen: d-Moll, B-Dur und f-Moll (d-Moll ist 1827, B-Dur 1828 und f-Moll 1829 entstanden), herausgegeben 1855 nach dem Tode Chopins

Op. 72 „Nocturne e-Moll", geschrieben 1827, „Marche funèbre c-Moll", geschrieben 1829 in Warszawa,
3 Ecossaises: D-Dur, G-Dur und Des-Dur, geschrieben 1826; all diese Werke wurden 1855 nach dem Tode Chopins als ein und dasselbe Opus herausgegeben

Op. 73 „Rondo für 2 Klaviere C-Dur", komponiert 1828 in Warszawa, herausgegeben 1855 nach dem Tode Chopins

Op. 74 17 Lieder, geschrieben 1829—1847 zu Worten von Mickiewiz, Krasiński, Witwicki, Zaleski und Pol, herausgegeben 1855 nach dem Tode Chopins

Nicht numerierte, von Chopin veröffentlichte Werke

„Polonaise g-Moll", der Komtesse Skarbek gewidmet, komponiert 1817, herausgegeben von J. J. Cybulski 1817

„Grand Duo concertant" für Klavier und Cello zu Themen aus „Robert der Teufel", geschrieben 1832 von Chopin und Auguste Franchomme, herausgegeben 1833

„Etudies de perfection de la Méthode des Méthodes de Moscheles et Fétis: f-Moll, As-Dur, Des-Dur", geschrieben 1839, herausgegeben 1840

„Mazurka a-Moll", geschrieben 1833, herausgegeben 1842

„Grandes Variations E-Dur de bravoure" über „Die Puritaner" von Bellini, herausgegeben 1841

„Hexameron — Variationen in E-Dur", geschrieben 1837 mit Franz Liszt, herausgegeben 1841

„Militärmarsch", komponiert 1817

Nicht numerierte, nicht von Chopin veröffentlichte Werke

„Fuge a-Moll", entstanden 1841/42, herausgegeben 1898 von Natalia Janotha

„Polonaise B-Dur", aufgezeichnet 1818 vom Vater Chopins, 1934 herausgegeben

„Polonaise As-Dur", das erste von Chopin selbständig aufgezeichnete Werk, entstanden 1821, herausgegeben 1908

„Polonaise b-Moll", geschrieben 1826 für Wilhelm Kolberg in Warszawa

„Variationen über »Der Schweizerbub« E-Dur", geschrieben 1826/27 in Warszawa, herausgegeben 1851 von Haslinger in Wien

„Variationen »Souvenir de Paganini«", entstanden 1829, herausgegeben 1881

„Polonaise Ges-Dur", entstanden 1829, herausgegeben 1872

„Polonaise gis-Moll", entstanden vermutlich 1822 (à Mme Du-Pont), herausgegeben 1864 von Kaufmann in Warszawa

„Nocturne cis-Moll, Lento con gran espressione", entstanden 1833, herausgegeben 1875

„Nocturne c-Moll", entstanden 1827, herausgegeben 1938 von Towarzystwo Wydawnicze Muzyki Polskiej

„Präludium As-Dur", entstanden 1834, herausgegeben 1918

„Mazurka B-Dur", herausgegeben 1825

„Mazurka D-Dur", entstanden 1829, überprüfte Ausgabe 1832, herausgegeben 1902

„Mazurka C-Dur", entstanden 1833

„Mazurka B-Dur", entstanden 1832

„Mazurka As-Dur", entstanden 1834, herausgegeben 1930 von Gebethner & Wolff in Warszawa

„Mazurka G-Dur", entstanden 1829

„Feuille d'album E-Dur" (aus dem Album von Anna Szerementiew), entstanden 1843, herausgegeben 1927

„Präludium As-Dur", P. Wolff gewidmet, herausgegeben 1918 in „Pages d'Art"

„Cantabile B-Dur", entstanden 1834, herausgegeben 1931

„Largo Es-Dur", entstanden wahrscheinlich 1840 in Paris, herausgegeben 1938 von Towarzystwo Wydawnicze Muzyki Polskiej

„Mazurka a-Moll" à son ami Emil Gaillard, komponiert 1840/41, herausgegeben 1841 in Paris

(Alle Angaben stützen sich auf das Buch „Chopin" von Prof. Dr. Zofia Lissa, erschienen 1949 in Warszawa.)

Die Idee, internationale Wettbewerbe zu veranstalten, die dem Schaffen des größten polnischen Komponisten — Fryderyk Chopin — gewidmet wären, wurde in seiner Heimat geboren. Ihr Urheber war der heute schon betagte Pianist und Pädagoge, Professor der Warschauer Musikhochschule, Jerzy Żurawlew.

Wie Prof. Żurawlew erklärte, bestand das Ziel, das den Organisatoren der ersten Veranstaltung dieser Art 1927 vorschwebte, vor allem darin, die unrichtige Einstellung zur Musik Chopins zu bekämpfen, die man manchmal unter jungen Pianisten antreffen konnte.

Prof. Żurawlew berichtete, wie er einmal zufällig einem Gespräch zweier junger Musiker gelauscht hatte, von denen einer behauptete, daß „die Musik Chopins, verweichlicht und krankhaft, den Geist unnötig beugt, rührt und schwächt". Diese Meinung entrüstete den Professor, einen großen Chopinverehrer, derart, daß er beschloß, solche Ansichten zu bekämpfen; eben damals verfiel er auf die Idee, einen Fryderyk-Chopin-Wettbewerb in internationalem Maßstab zu veranstalten.

Die überraschende, spontane Entwicklung dieser Veranstaltung übertraf die Erwartungen der Organisatoren. Der internationale Fryderyk-Chopin-Klavierwettbewerb wurde mit der Zeit zu einer der bekanntesten Musikveranstaltungen der Welt. Er trug dazu bei, daß die Musik Chopins verbreitet wurde, daß sie völlig neu dargestellt und interpretiert wurde.

Das immer größere Interesse der Welt an diesen Wettbewerben zeugt davon, wie notwendig eine solche Veranstaltung ist.

Gemäß dem 1927 gefaßten Beschluß, sollte der Chopin-Wettbewerb alle fünf Jahre in Warszawa stattfinden.

Der I. Internationale Fryderyk-Chopin-Klavierwettbewerb fand 1927 statt, der II. 1932 und der III. 1937. Der barbarische Überfall Hitlerdeutschlands auf Polen 1939 hat die Entwicklung dieser großen künstlerischen Veranstaltung unterbrochen.

Das Jahr 1949 wurde anläßlich des 100. Todestags des Komponisten zum „Chopin-Jahr" erklärt. Im selben Jahr nahm Volkspolen im Zuge der kulturellen Erneuerung des Landes die Organisation der Chopin-Wettbewerbe wieder auf. Der IV. Internationale Fryderyk-Chopin-Klavierwettbewerb begann am 18.9.1949 und wurde am 17.10. —

89

also genau am 100. Todestag Chopin — abgeschlossen. Das war ein bedeutender Erfolg der polnischen Musikkultur. Die drei ersten Wettbewerbe bestanden aus zwei, und der vierte aus drei Etappen.

Die erste Etappe des IV. Wettbewerbs beruhte eigentlich auf einem Landesausscheid, der sowohl für polnische als auch für ausländische Kandidaten obligatorisch war.

Bei früheren Wettbewerben wurde dank den Bemühungen des Musikschulverbands nur im Dezember 1935 eine Vorauswahl für Polen veranstaltet. Trotz aller Bemühungen der Organisatoren dieser Ausscheide wurde selbst den siegreich daraus hervorgegangenen Kandidaten keine Unterstützung gewährt, sie erhielten weder Stipendien noch die Möglichkeit für öffentliche Auftritte. Ähnlich verhielt es sich in anderen Ländern. Nur die Kandidaten aus der Sowjetunion waren stets — sowohl einzeln als auch als Kollektiv — gut vorbereitet, da sie während der intensiven Arbeit vor dem jeweiligen Wettbewerb die besondere Fürsorge des Staates genossen; dadurch sind wohl ihre Erfolge bei den meisten Wettbewerben zu erklären.

Der I. Wettbewerb, der 1927 stattfand und an dem 25 Pianisten aus acht Ländern teilnahmen, brachte den sowjetischen Pianisten die größten Erfolge.

Den I. — Preis errang Lew Oborin — UdSSR
den II. — Stanisław Szpinalski — Polen
den III. — Róża Etkin — Polen
den IV. — Grigori Ginsburg — UdSSR

Den Preis des Polnischen Rundfunks für die beste Interpretation der Mazurkas gewann Henryk Sztompka (Polen).

Anerkennungsdiplome erhielten folgende Pianisten:

Juri Brjuschkow — UdSSR
Jakub Gimpel — Polen
Guillaume Mombaerts — Belgien
Leopold Muenzer — Polen
Théo van der Pass — Holland
Edward Prażmowski — Polen
Dmitri Schostakowitsch — UdSSR
Bolesław Woytowicz — Polen

Beim II. Wettbewerb 1932, an dem 78 Pianisten aus 18 Ländern teilnahmen, errang ebenfalls ein Russe, der allerdings Frankreich repräsentierte, den ersten Preis; die meisten Preise fielen jedoch wieder der Sowjetunion zu.

Es folgen die Ergebnisse dieses Wettbewerbs:

I.	Preis	— Alexandre Uninski	— Frankreich
II.	„	— Imre Ungár	— Ungarn
III.	„	— Bolesław Kon	— Polen
IV.	„	— Abram Lufer	— UdSSR
V.	„	— Lájos Kentner	— Ungarn
VI.	„	— Leonid Sagalow	— UdSSR
VII.	„	— Leon Boruński	— Polen
VIII.	„	— Fjodor Gutman	— UdSSR
IX.	„	— Gyula Károlyi	— Ungarn
X.	„	— Kurt Engel	— Österreich
XI.	„	— Emanuel Grossman	— UdSSR
XII.	„	— Josef Wagner	— Deutschland
XIII.	„	— Maryla Jonasówna	— Polen
XIV.	„	— Lily Herz	— Ungarn
XV.	„	— Susanne de Mayère	— Belgien

Den Preis des Polnischen Rundfunks für die beste Interpretation der Mazurkas gewann Alexandre Uninski.

Ehrendiplome wurden bei diesem Wettbewerb folgenden Pianisten zuerkannt:

Abram Djakow	— UdSSR
Maria Donska	— Polen
Olga Iliwicka	— Polen
Alexander Jocheles	— UdSSR
Aleksander Kagan	— Polen
Maria Novik	— Lettland
Wera Rasumowskaja	— UdSSR
Aleksander Sienkiewicz	— Polen
Paweł Serebrjakow	— UdSSR
Carlo Vidusso	— Italien

Der III. Wettbewerb 1937, an dem 79 Pianisten aus 21 Ländern teilnahmen, brachte den sowjetischen Künstlern einen durchschlagenden Erfolg. Sie gewannen die ersten beiden Preise und den Preis des Polnischen Rundfunks. Es folgen die Ergebnisse dieses Wettbewerbs:

I.	Preis	— Jakow Sak	— UdSSR
II.	„	— Rosa Tamarkina	— UdSSR
III.	„	— Witold Małcużyński	— Polen
IV.	„	— Lance Dossor	— England
V.	„	— Agi Jámbor	— Ungarn
VI.	„	— Edith Axenfeld	— Deutschland

VII.	„	– Monique de la Bruchollerie	– Frankreich
VIII.	„	– Jan Ekier	– Polen
IX.	„	– Tatjana Goldfarb	– UdSSR
X.	„	– Olga Iliwicka	– Polen
XI.	„	– Pierre Maillard-Verger	– Frankreich
XII.	„	– Lelia Gousseau	– Frankreich
XIII.	„	– Halina Kalmanowicz	– Polen

Den Preis des Polnischen Runfunks für die beste Interpretation der Mazurkas gewann Jakow Sak. Ihm wurde auch einer der Sonderpreise zuerkannt.

Die Kandidaten für den IV. Wettbewerb, der 1949 stattfinden sollte, wurden 1948 in Volkspolen sehr sorgfältig vorbereitet, wobei man sich auf die Erfahrungen der Sowjetunion stützte. Die Landesausscheide wurden vom 18. bis 26. Juni 1948 in Warszawa durchgeführt. Die Hälfte der ausgewählten Kandidaten erhielt Stipendien, und die übrigen bereiteten sich unter der Aufsicht einer eigens zu diesem Zweck gebildeten pädagogischen Kommission auf diesen Wettbewerb vor.

Wegen der durch den zweiten Weltkrieg verursachten fünfjährigen Unterbrechung wurde die Altersgrenze der Kandidaten erweitert. Früher lag sie zwischen dem 16. und dem 28. Lebensjahr und vom IV. Wettbewerb an zwischen dem 16. und dem 32. Lebensjahr.

Am Wettbewerb 1949 nahmen 57 Pianisten aus 14 Ländern teil. Die Ergebnisse dieses Wettbewerbs, die die Richtigkeit der von der Sowjetunion und Volkspolen angewandten Methoden zur Vorbereitung der Kandidaten bewiesen, gestalteten sich folgendermaßen:

I. Preis		– Halina Czerny-Stefańska	– Polen
		und Bella Dawidowitsch – ex aequo	– UdSSR
II.	„	– Barbara Hesse-Bukowska	– Polen
III.	„	– Waldemar Maciszewski	– Polen
IV.	„	– Juri Murawlew	– UdSSR
V.	„	– Władysław Kędra	– Polen
VI.	„	– Ryszard Bakst	– Polen
VII.	„	– Jewgeni Malinin	– UdSSR
VIII.	„	– Zbigniew Szymonowicz	– Polen
IX.	„	– Tamara Gussewa	– UdSSR
X.	„	– Wiktor Mershanow	– UdSSR
XI.	„	– Regina Smendzianka	– Polen
XII.	„	– Tadeusz Żmudziński	– Polen

Den Preis des Polnischen Rundfunks für die beste Interpretation der Mazurkas gewann Halina Czerny-Stefańska.

92

Ehrendiplome und Geldprämien erhielten:

Carmen de Vitis Adnet	— Brasilien
Oriano de Almeida	— Brasilien
Carlos Rivero	— Mexiko
Ljudmila Sossina	— UdSSR
Imre Szendrei	— Ungarn

Sonderpreise errangen:

Halina Czerny-Stefańska	— Polen
Bella Dawidowitsch	— UdSSR
Jewgeni Malinin	— UdSSR

Der V. Wettbewerb, der 1955 stattfand und an dem 77 Pianisten aus 27 Ländern teilnahmen, brachte folgende Ergebnisse:

I.	Preis	— Adam Harasiewicz	— Polen
II.	„	— Wladimir Aschkenasi	— UdSSR
III.	„	— Fu Ts'ong	— Volksrepublik China
IV.	„	— Bernard Ringeissen	— Frankreich
V.	„	— Naum Schtarkman	— UdSSR
VI.	„	— Dmitri Paperno	— UdSSR
VII.	„	— Lidia Grychtołówna	— Polen
VIII.	„	— Andrzej Czajkowski	— Polen
IX.	„	— Dmitri Sacharow	— UdSSR
X.	„	— Kiyoko Tanaka	— Japan

Den Preis des Polnischen Rundfunks für die beste Interpretation der Mazurkas gewann Fu Ts'ong.

Ausgezeichnet wurden (nach Punkten):

Miłosz Magin	— Polen
Edwin Kowalik	— Polen
Nina Leltschuk	— UdSSR
Emil Béhar	— Bulgarien
Monique Duphil	— Frankreich
Péter Frankl	— Ungarn
Stanislav Knor	— Tschechoslowakei
Annerose Schmidt	— DDR
Irina Sijalowa	— UdSSR
Tamás Vásáry	— Ungarn

Sonderpreise wurden folgenden Pianisten zuerkannt:

Oscar Gacitúa (Nocturne)	– Chile
Tadeusz Kerner (Polonaise)	– Polen
Malinée Peris (Wiegenlied)	– Ceylon
Giuseppe Postiglione (Polonaise)	– Italien
Manfred Reuthe (Etüde)	– BRD
Imre Szendrei (Impromptu)	– Ungarn

Also auch bei diesem Wettbewerb gewannen die Sowjetunion und Polen die meisten und die höchsten Preise.

Ein wenig anders fielen die Ergebnisse des VI. Wettbewerbs aus, der 1960 stattfand; es nahmen daran 78 Kandidaten aus 31 Ländern teil. Preisgekrönt wurden:

I. Preis	– Maurizio Pollini	– Italien
II. „	– Irina Saritzkaja	– UdSSR
III. „	– Tania Achot	– Iran
IV. „	– Li Min-tschan	– Volksrepublik China
V. „	– Sinaida Ignatewa	– UdSSR
VI. „	– Walery Kastelski	– UdSSR

Ausgezeichnet wurden folgende Pianisten (nach Punkten):

Alexander Slobodjanik	– UdSSR
Jerzy Godziszewski	– Polen
Józef Stompel	– Polen
Michel Block	– Mexiko
Hitoshi Kobayashi	– Japan
Reija Silvonen	– Finnland

Den Sonderpreis der Fryderyk-Chopin-Gesellschaft für die beste Interpretation der Polonaise und den Preis des Polnischen Rundfunks für die beste Interpretation der Mazurkas gewann Irina Saritzkaja.

Den Preis der Stadt Warszawa und den Preis des Polnischen UNESCO-Ausschusses für den jüngsten ausländischen Preisträger erhielt Maurizio Pollini aus Italien.

Am VII. Wettbewerb 1965 nahmen 77 Pianisten aus 29 Ländern teil. Charakteristisch für diesen Wettbewerb war, daß diesmal junge Pianisten aus außereuropäischen Ländern am zahlreichsten vertreten waren. Von den 29 teilnehmenden Staaten waren 14 außereuropäisch, und eben ihre Vertreter nahmen den jungen sowjetischen und polnischen Pianisten die Siegespalme bei der Interpretation der Werke Chopins ab.

94

Bei diesem Wettbewerb wurden die Preise wie folgt verteilt:

I. Preis — Martha Argerich — Argentinien
II. „ — Arthur Moreira-Lima — Brasilien
III. „ — Maria Sosińska — Polen
IV. „ — Hiroko Nakamura — Japan
V. „ — Edward Auer — USA
VI. „ — Elżbieta Głąbówna — Polen

Auszeichnungen gewannen:

I. Auszeichnung Marek Jabłoński — Kanada
II. „ Tamara Koloss - UdSSR
III. „ Wiktoria Postnikowa — UdSSR
IV. „ Blanca Uribe — Kolumbien
V. u. VI. Auszeichnung Lois Carole Pachucki — USA
ex aequo und Ewa Maria Żuk — Venezuela

Den Preis des Polnischen Rundfunks für die beste Interpretation der Mazurkas gewann Martha Argerich aus Argentinien.

Den Preis der Fryderyk-Chopin-Gesellschaft für die beste Interpretation der Polonaise errang Marta Sosińska aus Polen.

Am VIII. Wettbewerb, der 1970 in Warszawa stattfand, nahmen 80 Pianisten aus 28 Ländern teil. Die europäischen Länder waren durch 51 Pianisten und die außereuropäischen Länder durch 29 Pianisten vertreten. Die Preise erhielten:

I. Preis — Garrick Ohlsson — USA
II. „ — Mitsuko Uchida — Japan
III. „ — Piotr Paleczny — Polen
IV. „ — Eugene Indjic — USA
V. „ — Natalja Gawrilowa — UdSSR
VI. „ — Janusz Olejniczak — Polen

Ausgezeichnet wurden:

Emanuel Ax — USA
Ikuko Endo — Japan
Alain Neveux — Frankreich
Karol Nicze — Polen
Irina Smolina — UdSSR

Den Preis der Fryderyk-Chopin-Gesellschaft für die beste Interpretation der Polonaise erhielt Piotr Paleczny.

Den Preis des Rundfunk- und Fernsehkomitees für die beste Interpretation der Mazurkas gewann Garrick Ohlsson.

Darüber hinaus wurden 11 von Privatpersonen oder Institutionen gestiftete Preise verteilt.

Der IX. Internationale Fryderyk-Chopin-Klavierwettbewerb fand im Oktober 1975 statt. 84 Pianisten aus 22 Ländern (12 europäischen und 10 außereuropäischen) nahmen daran teil.

Bei diesem Wettbewerb fielen die Preise an folgende Pianisten:

I. Preis	— Krystian Zimerman	— Polen
II. „	— Dina Joffie	— UdSSR
III. „	— Tatjana Fedkina	— UdSSR
IV. „	— Paweł Gililow	— UdSSR
V. „	— Dean Kramer	— USA
VI. „	— Diana Kaoso	— Brasilien

Ausgezeichnet wurden:

Elżbieta Tarnawska	— Polen
Wiktor Wassilew	— UdSSR
John Hendricson	— Kanada
Katarzyna Popowa-Zydroń	— Polen
Neal Larrabee	— USA
Alexandr Urwalow	— UdSSR
William Wolfram	— USA
Dan Atanasiu	— Rumänien

Den Preis der Fryderyk-Chopin-Gesellschaft und des Verlags „Polskie Nagrania" für die beste Interpretation der Polonaise gewann Krystian Zimerman.

Den Preis des Rundfunk- und Fernsehkomitees für die beste Interpretation der Mazurkas erhielt ebenfalls Krystian Zimerman.

Darüber hinaus wurden 31 von Privatpersonen und Institutionen gestiftete Preise verteilt.

Der X. Internationale Fryderyk-Chopin-Klavierwettbewerb wird im Oktober 1980 stattfinden.

Der Chopin-Wettbewerb in Warszawa gilt heute unter jungen Pianisten in aller Welt als einer der ehrenvollsten künstlerischen Wettbewerbe, und die dort errungenen Preise als Start zu größten Erfolgen im Klavierspiel. Die Jury der Chopin-Wettbewerbe setzt sich nämlich aus den hervorragendsten Chopin-Interpreten und Kennern der Welt zusammen.

CHOPIN-FESTIVALS IN DUSZNIKI ZDRÓJ

Seit 1946 findet alljährlich im August in Duszniki Zdrój das Chopin-Festival statt, das an die Konzerte, die der sechzehnjährige Chopin 1826 in diesem Kurort gegeben hat, erinnern soll.

Das Festival wird in einem modernen Konzertsaal veranstaltet. Darüber hinaus finden in einem Saal des sorgfältig restaurierten Kurhauses, in dem Chopin konzertiert hat, Abendkonzerte bei Kerzenlicht statt, das dem stilvollen Interieur aus dem beginnenden 19. Jahrhundert einen geradezu unwiderstehlichen Reiz verleiht und eine einmalige Stimmung hervorruft.

An den Chopin-Festivals in Duszniki, die sich beim Publikum enormen Zuspruchs erfreuen, nehmen gewöhnlich Preisträger und Teilnehmer der internationalen Chopin-Wettbewerbe in Warszawa sowie andere hervorragende Pianisten und Kammermusikensembles teil.

Manche Preisträger der internationalen Chopin-Wettbewerbe haben eine besondere Vorliebe für diese Veranstaltung. Die japanische Pianistin Kiyoko Tanaka — Gewinnerin des X. Preises beim V. Internationalen Fryderyk-Chopin-Klavierwettbewerb — nahm an acht aufeinanderfolgenden Festivals in Duszniki teil.

Von den jungen sowjetischen Preisträgern der Chopin-Wettbewerbe spielten in Duszniki: Jewgeni Malinin, Waleri Kastelski, Elisso Wirsaladse, Bella Dawidowitsch (zweimal), Estera Jelinaité, Irina Saritzkaja und Wiktoria Postnikowa.

Das reichhaltige Musikprogramm, das sich ausschließlich aus Werken Chopins zusammensetzt, wird gewöhnlich durch Ausstellungen ergänzt, die mit seinem Leben und Schaffen verbunden sind, wie „Fryderyk Chopin und seine Zeitgenossen in der Medaillenkunst", „Żelazowa Wola in der Kunstphotographie", „Der VII. Internationale Fryderyk-Chopin-Klavierwettbewerb in der Photographie" usw.

Die vorliegende, nicht sehr umfangreiche Publikation will das Schaffen Fryderyk Chopins keiner wissenschaftlichen Analyse unterziehen. Der alleinige Wunsch der Verfasserin ist es, dem Leser Chopin nicht nur als Künstler, Virtuosen und Pädagogen, sondern vor allem als Menschen näherzubringen. Sie zeigt die Umstände, unter denen seine Werke entstanden, führt Fakten oder gar Episoden aus seinem Leben an und charakterisiert seine Neigungen, Gewohnheiten und sogar seine Launen und Schwächen. So breitet sich vor dem Leser ein lebendiges Porträt von Chopin aus. Wenn Farbe, Licht und Schatten dieses Porträts dem Leser helfen, die Musik Chopins tiefer zu empfinden und zu verstehen, ist das Anliegen der Verfasserin in Erfüllung gegangen.

INHALT

Fryderyk Chopin in der Heimat 5

Fryderyk Chopin in der Fremde 29

Fryderyk Chopin in den Augen der Welt . . . 61

Auf den Spuren Fryderyk Chopins 71

ANHANG

Wichtigere Daten aus dem Leben Fryderyk
Chopins und ihm nahestehender Personen . . 77

Die Werke Fryderyk Chopins 81

Internationale Fryderyk-Chopin-Klavierwettbewerbe
in Warszawa 89

Chopin-Festivals in Duszniki Zdrój 97

Umschlagentwurf und graphische Gestaltung:
JANUSZ WYSOCKI

Wissenschaftliche Konsultation:
KRYSTYNA KOBYLAŃSKA

Deutsch:
BARBARA OSTROWSKA

Redakteur der polnischen Ausgabe:
WANDA MICHALAK

Aufnahmen:
Zofia Krawczyk, Julian Lewiński, Bogdan Łopieński, Jan Morek,
Włodzimierz Ochnio, Ryszard Okoński, Janusz Rosikoń, Andrzej
Zborski und Zentrale Fotoagentur CAF

Die eintausendachthundertdritte Publikation
des Verlags Interpress

Das Buch erscheint auch in englischer und polnischer Sprache

PRASOWE ZAKŁADY GRAFICZNE „PRASA-KSIĄŻKA-RUCH"
KRAKÓW